GSP

LE SENS DU COMBAT

GEORGES ST-PIERRE

avec Justin Kingsley

GSP
LE SENS DU COMBAT

traduit de l'anglais (Canada)
par Rachel Martinez

Flammarion
Québec

Catalogage avant publication de Bibliothèque et Archives nationales
du Québec et Bibliothèque et Archives Canada
St-Pierre, Georges, 1981-
    GSP : le sens du combat
    Traduction de : GSP : the way of the fight.
    ISBN 978-2-89077-459-9
    1. St-Pierre, Georges, 1981- . 2. Pratiquants des arts martiaux - Canada
- Biographies. I. Kingsley, Justin. II. Titre.
GV1113.S23A3 2013b   796.8092   C2013-940456-2

Couverture
Photo : Justin Kingsley
Design : Richard Aquan

Photos
Encart : Toutes les photographies dans cet ouvrage sont reproduites avec
l'aimable autorisation de Georges St-Pierre, sauf indication contraire.
Ouvertures de partie : Justin Kingsley

Titre original : GSP – The Way of the Fight
Éditeur original : HarperCollins Publishers Ltd.
© 2013, Georges St-Pierre
© 2013, Flammarion Québec, pour la traduction française

Imprimé au Canada sur papier Enviro 100 % postconsommation

www.flammarion.qc.ca

TABLE

Chaque matin reprend le fil de la veille 3
J'ai commencé à penser à ce livre… 7
Si jamais vous manquez de temps pour lire le livre en entier… 12
Comment j'ai structuré ce livre 16

LIVRE I : MÈRE

avec Paulyne

19

LIVRE II : MENTOR

avec Kristof Midoux

47

LIVRE III : MAÎTRE

avec John Danaher

101

LIVRE IV : SAGE

avec Firas Zahabi

169

LIVRE V : CONSCIENCE

avec Rodolphe Beaulieu

219

Je suis une personne normale 247
Remerciements 249

À la mémoire de Jean Couture,
mon premier professeur de karaté,
qui m'a ouvert les yeux sur l'univers des arts martiaux

C'est en répétant une affirmation qu'on parvient à y croire. Et lorsque ce vœu se mue en conviction profonde, il commence à se passer des choses.

— Muhammad Ali

Chaque matin
reprend le fil de la veille

Dans le calme et le silence de la nuit, je traverse le salon de mon appartement et je m'arrête pour contempler le fleuve et la ville. Je prends rarement le temps d'observer les eaux sombres gris-bleu qui coulent sous mes fenêtres et poursuivent leur course. Cette pause perturbe ma routine.

J'ouvre les rideaux et je tends le bras vers la tringle pour vérifier si mes bandages de mains sont secs. Je les lisse avec les doigts dans un mouvement de va-et-vient, puis je les replace soigneusement sur la barre métallique pour qu'ils soient parfaitement alignés et sans plis, pour que les efforts de la journée se dissipent.

Je me dirige vers la laveuse. J'y déverse le contenu de mon sac d'entraînement. Une autre brassée.

Je reviens vis-à-vis du balcon, je m'accroupis et dépose mes gants devant le ventilateur électrique qui fait des rotations de gauche à droite à gauche, puis recommence. Ils sont parfaitement alignés, mes gants, comme des soldats au garde-à-vous, comme les pièces d'un casse-tête prêtes à être placées, comme si quelqu'un voulait les photographier, comme si la géométrie avait de l'importance.

Je me relève et retourne à l'entrée pour prendre mon sac de sport et le remplir pour le lendemain. Il y a toujours un lendemain.

Des shorts d'entraînement (deux), des tee-shirts et *rash guards* (trois, parfois quatre). Des chaussures. Des gants pour l'octogone, puis une deuxième paire pour le ring. Des protège-tibias. Un *jock strap*, encore des bandages pour les mains et du ruban athlétique adhésif. Généralement, ça suffit.

Je me rends dans la cuisine qui est toujours pratiquement vide et j'attrape un bidon propre dans l'armoire. Je choisis des protéines en poudre et j'en prends une grande quantité, puis je sors de cette pièce qui ne me sert pas à grand-chose d'autre.

Je dépose mon sac près de la porte, aligné avec la table d'entrée, à proximité de mes clés, de mon portefeuille et de mon téléphone, et je vais à ma chambre.

Je jette un coup d'œil aux vêtements dans la garde-robe. La plupart sont des cadeaux, des souliers de course et quelques complets que j'utilise pour des apparitions publiques et des événements spéciaux. Je me reconnais mieux dans les jeans et les tee-shirts simples – parfois noirs, parfois blancs – que je porte jour après jour en alternance.

J'entrevois ma première ceinture de championnat en m'agenouillant pour chercher une chaussure. Elle reste sur le plancher, dans un coin, et ramasse la poussière.

J'attrape le soulier et je le place avec son frère à côté des vêtements que j'ai pliés et déposés sur un banc pour le lendemain matin. Ensuite, je me brosse les dents et je me dirige vers mon lit.

Puis, je prie.

Je perçois un esprit, une présence, avec qui j'entretiens une conversation tous les soirs. Je sais précisément ce que je veux et ce que je demande. Ce que je *souhaite*.

Ensuite, je me couche et deviens une silhouette quelconque dans le noir.

Certaines nuits, j'aperçois des ombres aux formes diverses qui se détachent des murs et du plafond. Une dent de requin préhistorique sur ma commode. Une statuette de tyrannosaure qui enfle devant un rayon de lumière. Deux sabres japonais qui espèrent encore être maniés.

Je reste allongé au moins une heure, quelquefois deux, tandis que des pensées implacables surgissent de l'obscurité, pénètrent dans ma tête et se répercutent dans mon crâne.

Les tourments de la nuit.

Du coin de l'œil, j'observe le seul objet tangible qui ait un vrai *sens* dans ma vie : une licorne. Une figure mythique en peluche, une corne torsadée, un symbole de pureté que m'a légué ma marraine à son décès, accompagné d'une note qu'elle m'a écrite, racontant l'histoire d'un garçon qui deviendra un homme et expliquant à quel point elle souhaitait pouvoir être là, comment elle imaginait son existence et les filles qu'il rencontrera et les rêves qu'il poursuivra.

Le repos finit par arriver et, enfin, le sommeil.

La lumière amène le mouvement. Avant même que le réveille-matin pousse son cri strident, j'ouvre les yeux, mon regard erre, puis mon esprit s'éveille. Mes premières pensées concernent l'entraînement du jour : l'endroit où je dois aller, l'heure, mes partenaires d'entraînement et mes objectifs pour la journée. La vie est désormais un programme, un horaire, un numéro d'équilibriste gravé dans mon cerveau. L'horaire écrit que j'avais l'habitude de consulter est devenu inutile. Je ne sais même pas où je l'ai mis.

En moins de cinq minutes, je me lève, me brosse les dents et sors de l'appartement. J'avale parfois un bol de gruau, lorsque j'ai quelques minutes. Un souvenir de l'époque où mon alimentation dépendait de ma situation financière difficile.

Je prends l'ascenseur jusqu'au sous-sol. Mon camion noir semble se dégager seul de son emplacement. Vitres baissées ou fermées, le son du hip-hop suffit certainement à « charmer » mes voisins.

Déjeuner – beaucoup d'œufs avec mes amis et compagnons d'entraînement –, puis directement à la première séance de la journée. Ce peut être de la lutte, de la boxe, du jiu-jitsu brésilien, de la gymnastique, du sprint, du muay thaï, du karaté ou un mélange de tout ça, au ralenti ou à la vitesse maximale, durant une heure ou deux. Je me douche et je mange un autre repas, puis je me repose, sans oublier de faire une sieste de 45 à 60 minutes.

Je fais ensuite un deuxième entraînement. Ce peut être de la lutte, de la boxe, du jiu-jitsu brésilien, de la gymnastique, du sprint, du muay thaï, du karaté ou un mélange de tout ça, au ralenti ou à la vitesse maximale, durant une heure ou deux. Je me douche et je mange *encore* avec des amis, *toujours* avec des amis.

Puis, mon camion me ramène chez moi par le même chemin que la veille au soir. Je le laisse au garage et je prends l'ascenseur jusqu'au hall d'entrée. Je salue le portier, le seul à toujours me dire bonjour dans mon immeuble anonyme. Je me rends au groupe d'ascenseurs suivants, j'appuie sur le bouton de mon étage et je me dirige vers mon petit appartement, qui est à mi-chemin entre le rez-de-chaussée et les penthouses luxueux au sommet. J'entre, je vide le contenu de mon sac dans la laveuse. Je prépare ma journée du lendemain. Il y a toujours un lendemain.

J'ai commencé à penser à ce livre...

... le jour où j'ai appris que je devrais subir une intervention chirurgicale majeure. J'ai choisi ce jour-là pour une raison très simple : parce qu'à partir de cette date j'allais inventer le reste de ma vie. Pendant la période de huit mois que je devais consacrer à l'opération, à ma convalescence, à la thérapie et à l'entraînement, j'allais me redéfinir en laissant mon ancienne carapace derrière moi. J'allais mettre en pratique tout ce que j'avais appris au cours des 30 années précédentes et intégrer les nouvelles connaissances transmises par les gens et le monde autour de moi et mon environnement.

Autrement dit, je tenterais de prouver tout ce que j'ai écrit dans cet ouvrage.

Ce que ça signifie, c'est que je jette les bases de la recette du succès avant même de savoir comment se passera mon retour dans l'octogone.

Comment ? En affrontant mes propres craintes, en me fixant un objectif clair, en consacrant tous mes efforts mentaux et physiques à l'atteinte de ce but et en acceptant le résultat, peu importe ce qui arrivera. Voyez-vous, l'issue de mon prochain combat ne se décidera pas dans l'octogone. Elle est déterminée au cours des semaines et des mois qui le précèdent, pendant mes préparatifs.

Mon orgueil a souffert de ma défaite contre Matt Serra. Lorsque je l'ai vu se lancer sur moi après un bon coup à la tête, j'aurais dû reculer d'un pas pour reprendre mes esprits, mais ce n'est pas ce que j'ai fait. Je n'arrivais pas à croire ce qui me tombait dessus et mon ego n'a pas apprécié. Tout ce qui me venait à l'esprit, c'était : « Hé ! ce gars-là m'a sonné. Il ne faut pas que ça se reproduise. Je dois finir et gagner le combat TOUT DE SUITE ! » Ainsi, la cause véritable de mon erreur, c'est mon orgueil. Recevoir un bon coup n'aurait jamais dû me surprendre, et ça n'aurait pas été le cas si j'y avais été préparé.

Comme l'a écrit Aristote il y a longtemps (je paraphrase) : il faut éviter la médiocrité en se préparant à essayer quelque chose qui nous fera soit échouer lamentablement, soit triompher dans la gloire. La médiocrité n'est pas une question d'échec. La médiocrité, c'est le contraire de l'action. En d'autres mots, la médiocrité, c'est *de ne rien essayer.* La raison est simple à pleurer, et je l'ai répétée des milliers de fois déjà : ce qui ne nous tue pas nous rend plus forts.

* * *

Mon objectif, c'est d'écrire le meilleur livre possible, même quand je parle de la peur. Peu importe qu'il s'agisse de mon premier ouvrage. Ce qui compte le plus, c'est l'esprit dans lequel il a été écrit et, pour tout dire, le simple fait qu'il existe. J'aspire à devenir le meilleur auteur de ma catégorie (à la fois livre pour livre et page pour page). Seulement, je ne suis pas sûr de connaître les critères de cette catégorie et je ne pense pas que je doive m'en préoccuper.

Ce qui motive ce livre, c'est que je cherchais un moyen de vous raconter mon histoire différemment de ce qui a été dit. D'une certaine façon, on peut faire le récit de ma vie au moyen de formules mathématiques. Rien de plus simple : dès que j'ai commencé à apprendre, à acquérir des connaissances, je me suis rendu compte à quel point il restait beaucoup de choses à savoir. Sur le combat. Sur l'alimentation. Sur la vie et l'amour. Sur la peur, aussi! Et même sur les dinosaures.

L'équation mathématique se pose comme suit: plus j'en apprends, moins j'en sais. Eh oui: plus égale moins. C'est de cette façon que mon esprit la conçoit. Et cette formule s'applique à chacun d'entre nous, pas seulement à moi. Je crois qu'elle renferme le secret d'une grande part de ma vie et de la façon dont je suis devenu qui je suis.

Laissez-moi vous expliquer.

Quand on apprend quelque chose (préparer un chili, par exemple), on acquiert des connaissances concrètes: la liste des ingrédients, le mode de préparation de la viande, l'ordre des opérations et le nom de l'épice mystère. Toutefois, pendant qu'on cuisine le bœuf, qu'on prépare les légumes et qu'on met le tout dans un chaudron, on fait une découverte étonnante: il y a beaucoup d'autres savoirs à assimiler en cuisine. Il existe une multitude de versions de la même recette, qui varie en fonction du cuisinier, du pays, des ingrédients ou des goûts.

Ainsi, toutes proportions gardées, même si l'on apprend de nouvelles notions, il reste une multitude de choses que l'on ignore sur la cuisine. C'est pourquoi on en sait toujours moins qu'avant.

Les médecins et les chercheurs suivent les mêmes règles: plus ils approfondissent leurs connaissances, plus ils découvrent qu'il leur reste des notions à apprendre. Les meilleurs d'entre eux comprennent la beauté de ce mystère et persévèrent dans leurs recherches.

Ce que je tente de faire, c'est de me placer dans un maximum de situations d'apprentissage. Lorsque je découvre un nouveau domaine susceptible de me plaire, je l'explore, je me demande si je peux l'inclure dans ma vie et de quelle façon.

C'est dans ces circonstances que j'ai commencé à faire de la gymnastique, par exemple. Je suis sûr qu'il y a des tas d'athlètes et d'amateurs d'arts martiaux mixtes qui jugent que c'est une activité qui n'est pas pour les «durs». Du moins, c'est ce que, moi, je pensais avant. Je levais le nez sur la gymnastique en me disant que c'était pour les autres. Je manquais d'ouverture d'esprit.

Le secret, dans mon cas, c'est de demeurer éveillé à ce que je peux apprendre des autres sports. Selon moi, chercher des connaissances équivaut à ouvrir des portes. Notre planète est faite d'une suite de portes. Et je sais qu'il y en a partout, des portes. En vieillissant, je deviens de plus en plus conscient de mon ignorance ahurissante. C'est pourquoi j'ai découvert mon propre remède à l'étroitesse d'esprit : je me dis «essaie une fois, pour voir».

La première chose que je fais – et ça semble aller de soi –, c'est de trouver comment ouvrir une porte à la fois. Supposons qu'il s'agit du jiu-jitsu brésilien. La première que l'on ouvre, c'est celle de la posture : savoir comment se tenir.

Une fois que l'on a entrouvert cette porte, on a un aperçu de ce qui se cache derrière. On jette un premier coup d'œil à ce qui se trouve à sa portée. Par contre, ça ne fonctionne peut-être pas pour tout le monde. C'est la règle du jeu, mais il n'est pas nécessaire d'ouvrir la porte toute grande pour provoquer une réaction.

C'est une question de curiosité.

Parfois, on voit sur-le-champ que les connaissances qui se cachent derrière ne nous intéressent pas. Ça arrive à tout le monde et il n'y a rien de grave. Par exemple, même si la pratique de mon sport m'oblige à manger souvent et sainement, je ne tiens pas à apprendre à devenir un grand chef. Je n'ai ni le temps ni le désir de le faire, ce n'est pas un de mes objectifs, alors je confie à d'autres personnes, expertes en cuisine et maîtrisant parfaitement les principes de la nutrition, le soin de préparer mes repas.

Ainsi, je pense que le savoir est essentiellement une question d'attirance. Il s'agit de bâtir une relation avec l'acquisition de connaissances. Si vous n'aimez pas ce que vous apprenez, tournez-vous vers autre chose.

En toute honnêteté, je crois que les gymnastes sont les meilleurs athlètes au monde. Je m'entraîne à cette discipline sportive depuis quelques années maintenant, mais je ne parviens toujours pas à faire une fraction de ce que réussissent les meilleurs. Leur façon de bouger et la facilité qu'ils ont à prendre toutes sortes de positions sont tout simplement ahurissantes. Ça me jette à terre! Les gymnastes peuvent générer de la puissance à partir des positions les plus bizarres, ce qui peut aussi être un atout important en arts martiaux, parce qu'aucun adversaire ne nous aidera à trouver une position plus confortable.

Je vois souvent un jeune là où je fais mes entraînements de gymnastique. Il est plus petit que moi, beaucoup plus mince, et ne semble pas très fort physiquement. Pas le moins du monde. Toutefois, à côté de lui, j'ai l'air faible. Sur ma page Facebook, je proposais à mes fans de me lancer des défis. Un jour, par exemple, l'un d'eux m'a demandé si je pouvais réussir un *push-up* en me tenant en équilibre sur les mains, c'est-à-dire que je devais toucher mes coudes avec mes genoux en me tenant. Cet exercice exige de la puissance, de la force et de l'équilibre. Eh bien, je n'ai jamais réussi. Mais ce jeune-là, le gymnaste maigrichon, y est parvenu tout de suite, et plus d'une fois. J'ai cessé de compter à 15, je crois.

Si jamais vous manquez de temps pour lire le livre en entier...

... ou si vous n'en avez pas *envie*, n'oubliez pas ceci : fixez-vous un objectif, élaborez un plan réaliste pour atteindre ce but, suivez chaque étape du plan et répétez.

Cette idée peut sembler toute simple, mais elle n'est pas nécessairement facile à mettre en pratique. Ainsi, je vous dévoile des pensées et des histoires intimes parce que j'espère favoriser ce qu'Aristote appelait le « bien commun » : aider les lecteurs à s'améliorer. Après ma victoire contre Jon Fitch, je lui ai dit que c'était la meilleure chose qui pouvait lui arriver. Je lui ai humblement expliqué que la seule façon d'envisager la défaite, c'était de la considérer comme une occasion de s'améliorer. En la situant dans un contexte plus approprié, il bénéficierait des mêmes occasions que j'avais eues.

Un bon ami m'a aussi parlé d'une autre notion forte d'Aristote : l'*arété*. Ce mot grec, qui, selon ce que j'en sais, n'a pas d'équivalent exact dans les autres langues, désigne l'excellence, en considérant l'essence et la finalité de toute chose. C'est ce à quoi nous devons aspirer chaque jour de notre vie, c'est le principe qui nous mène vers notre bien. L'*arété* correspond à la vérité absolue qui repose au plus profond de notre âme.

J'espère que vous trouverez au fil de ces pages certaines réponses à vos interrogations « intérieures », mais là n'est pas l'essentiel de mon propos. La clé, en réalité, c'est de vous amener à vous poser des questions de toutes sortes dont personne ne connaît la réponse. Personne, sauf vous.

Ce livre n'est pas le seul qui puisse vous aider à être une variante améliorée de ce que vous êtes destiné à devenir, mais il est ma version et j'ai décidé de l'écrire à ma façon, ce qui signifie que je vous parlerai, à l'occasion, par exemple, de réadaptation à la suite d'une blessure. Je vous raconterai aussi des anecdotes que j'ai vécues à trois périodes fondamentales de ma vie : mon enfance, mon parcours vers le sport de haut calibre et mes efforts pour devenir le champion le plus authentique que je puisse être. Je me permettrai, à l'occasion, de citer quelques mots de gens qui m'inspirent et de présenter mon texte sous forme de leçons comportant des étapes clés illustrées par des exemples. Certains de ces récits ou certaines de ces paroles m'accompagnent depuis des années, tandis que j'ai rédigé d'autres passages avec l'aide de ma famille et de mes amis expressément pour cet ouvrage.

Je ne l'ai pas écrit seul. Il y a toute une équipe derrière cette histoire, plusieurs équipes, en fait.

Je dois vous avouer une chose importante : j'engage des gens pour pallier mes faiblesses. J'ai toujours cherché à apprendre auprès d'experts qui en savent plus que moi. Kristof Midoux, John Danaher et Firas Zahabi, par exemple, font partie de ces personnes qui m'ont aidé à me surpasser à l'intérieur de l'octogone (il y en a beaucoup d'autres, notamment mes autres entraîneurs et compagnons d'entraînement). C'est la même situation hors de l'arène. Mon équipe d'agents canadiens et américains joue un rôle clé dans tous les aspects de ma vie qui ne sont pas liés directement au combat, comme la négociation de mes contrats, la gestion de ma fondation qui vise à lutter contre l'intimidation et le volet financier de ma carrière. Ce qu'il faut retenir, c'est que j'ai choisi de m'associer à des personnes proches de moi pour placer ma vie en contexte et dégager les éléments les plus utiles pour moi. Elles m'aident à trouver la meilleure façon de raconter cette histoire et à rester honnête, je crois.

* * *

« L'homme libre est celui qui sait rêver, qui sait inventer sa propre vie. » C'est l'auteur Martin Gray qui a écrit cette phrase. J'interprète la première partie comme le fait de regarder en soi pour imaginer ce que l'on peut faire de plus extraordinaire. Je considère la deuxième partie – le fait de savoir comment inventer sa vie – comme le côté pratique de l'équation. C'est le plan que l'on élabore pour réaliser le rêve. C'est la préparation et le travail qui doit être accompli pour qu'il devienne réalité. Puisque les rêves ne se concrétisent pas du jour au lendemain, j'ai commencé à apprendre le karaté à l'âge de sept ans. J'ai dû m'entraîner sans relâche et avec acharnement durant près de deux décennies avant de tenter ma chance et de remporter un titre de champion en arts martiaux mixtes. Vingt ans ! Et, en toute honnêteté, la plupart du temps, je n'avais aucune idée de l'endroit où ça allait me mener. Au début, je m'imaginais devenir un lutteur comme Hulk Hogan. Ma mère m'a raconté qu'elle m'avait surpris un jour, à l'âge de neuf ans, en train de regarder la lutte à la télévision. Je m'étais tourné vers elle et je lui avais dit : « Un jour, il y aura un bonhomme Georges. » J'imaginais que l'on allait un jour produire une figurine à mon effigie ! Ma mère a la chair de poule quand elle y repense.

Ce dont la phrase de Martin Gray ne parle pas, par contre, c'est du parcours. Il n'y a pas deux aventures humaines identiques. Personne ne peut prétendre connaître la voie que quelqu'un suit pour réaliser ses rêves. Il y a des milliards d'humains sur la terre et chacun s'engage sur sa propre voie, particulièrement celui qui cherche volontairement à s'inventer ou à se *ré*inventer. Toutefois, nous avons tous en commun de devoir compter sur nos pieds et nos yeux.

Comment j'ai structuré ce livre

L'ouvrage est divisé en cinq grandes parties : « Mère », « Mentor », « Maître », « Sage » et « Conscience ». Chacune est associée à la voix d'une personne qui a changé ma vie, qui a joué un rôle stratégique et qui m'a aidé à devenir ce que je suis.

« Mère » vous transportera dans mon enfance et vous dévoilera certaines des leçons que j'ai reçues très jeune et qui ont orienté mon existence. Comme l'indique le titre, c'est ma maman que l'on entend. La deuxième partie, « Mentor » (qu'on pourrait aussi intituler « Le livre fondamental »), relate comment tout a commencé dans les mots de Kristof Midoux. « Maître » – ou « Le livre de la transition » – correspond à la phase de la croissance et fait entendre la voix de John Danaher, grand penseur et professeur de jiu-jitsu brésilien. « Sage », « Le livre de l'homme debout », s'inspire des sages paroles de Firas Zahabi, mon grand ami et entraîneur-chef, et explique comment les gens exploitent leurs connaissances pour continuer à avancer dans la vie et devenir une meilleure version d'eux-mêmes. Enfin, « Conscience », la dernière partie, rédigée après mon combat contre Carlos Condit, expose un point de vue complètement différent sur la personne que je suis maintenant grâce aux paroles de Rodolphe Beaulieu, mon gérant et ami de longue date.

Comme au combat – au sol, en transition, en position debout –, la suite résume comment un athlète des arts martiaux mixtes apprend, progresse et évolue. Nous allons parler de techniques de combat, même si gagner ne se limite pas à savoir asséner des coups de poing et des coups de pied.

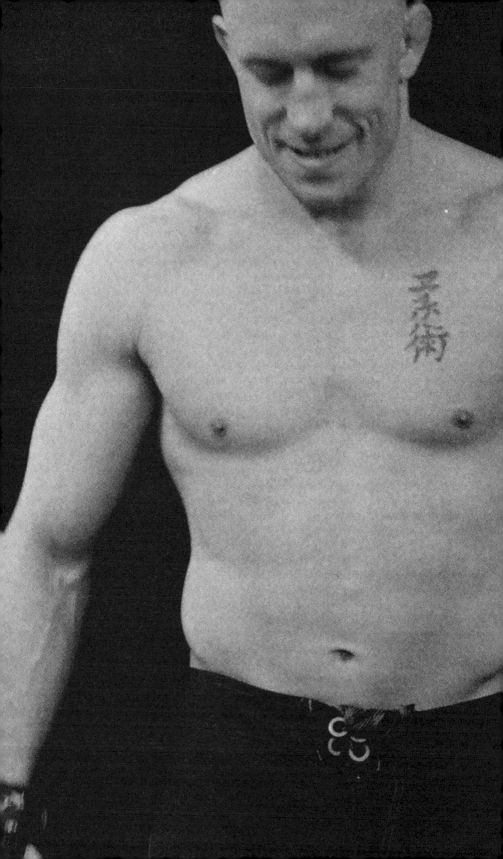

Livre I

MÈRE

Il faut avouer une chose au sujet de Georges :
il dit toujours le fond de sa pensée. Il tient ça
de son père et de son grand-père, qui étaient très
travaillants et très, très directs. Son grand-papa était
surnommé « Le Bionique ». De toute façon, il est très
têtu et il n'a pas peur de la vérité. Les insultes
coulent sur lui comme l'eau sur le dos d'un canard.
En fait, vous voulez connaître le vrai Georges ? Il reste
ami avec ses ennemis. « Le v'là, ton Georges ! »

—Paulyne, ma mère

J'ai peur

J'ai peur parce que je pense à un moment qui a changé ma vie et m'a transformé, et je ne peux pas y échapper. Je me rends compte que la peur fait partie de moi. Elle a été le prélude à la plupart des bonnes choses qui me sont arrivées. Elle est à l'origine de chacune de mes réussites.

Par contre, la peur altère ma perspective physique et logique. C'est ainsi qu'elle opère. Elle ne perturbe pas seulement ce qui se passe en nous, elle change aussi instantanément nos rapports avec le monde qui nous entoure, avec la nature – et même l'existence – de nos souvenirs. La peur obstrue d'autres données qui semblent tout à fait fondamentales et élémentaires, comme ce que l'on est en train de faire ou la raison de notre présence dans un lieu. Le présent perd son pouvoir lorsqu'il est confronté à la peur.

La peur est magique et possède des super pouvoirs de toutes sortes. Quelques mots ou un flash d'images suffisent à en déchaîner toute la puissance. Et notre vie change au moment même où nous voyons ou entendons ce qui nous a effrayés.

Et pourtant, la peur inscrit dans mon esprit certains détails que je ne remarque pas normalement. Je peux les voir, en distinguer les contours. Je peux les ressentir et j'ai l'impression que je pourrais les toucher en tendant la main. Mais je ne perçois pas toute l'image : certains détails s'estompent.

C'est exactement ce qui s'est produit le jour où mon bon ami le Dʳ Sébastien Simard m'a téléphoné.

En fait, je ne parviens pas à me rappeler où je me trouvais ni ce que je faisais lorsque mon cellulaire a sonné. J'aimerais bien, mais je n'y arrive pas. Les souvenirs reliés à ce moment de ma vie sont perdus quelque part en moi et je sais que c'est à cause de la peur.

Ce que je me rappelle est étrange – et la limpidité de mes souvenirs l'est tout autant –, comme dans un rêve au ralenti. Je me trouve seul dans un long corridor aux murs blancs menant à un vestibule. Je marche au milieu, mais vers quoi ? Le téléphone sonne et je dois répondre parce que l'appel vient de mon chirurgien. Je m'arrête, ce qui est curieux parce que, normalement, je parle en marchant. Donc, je m'immobilise, je consulte l'écran et je lis son nom. J'appuie sur le bouton et colle l'appareil à mon oreille. Sans détour, il m'annonce : « Georges, ton LCA, le ligament croisé antérieur de ton genou, est complètement déchiré. Tu dois subir une grosse chirurgie. Tu ne pourras participer à aucun combat durant une longue période. »

Je connais ce sentiment unique engendré par la peur depuis que j'ai neuf ans. J'en ris maintenant, mais c'est parce que j'en ai vu d'autres. Sans les tyrans, les « trous de cul » et les petits crétins, je ne serais jamais devenu ce que je suis aujourd'hui. Je n'aurais jamais eu la chance de leur prouver le contraire. Je serais quelqu'un d'autre et personne ne sait ce qu'aurait pu être cet homme. Je me fiche des hypothèses parce que je ne peux rien changer de ce qui m'a précédé. Ce dont je suis sûr, c'est du présent.

Je sais aussi depuis longtemps que la peur se présente sous deux aspects : la peur bénéfique et la peur néfaste.

Voici un exemple de peur bénéfique. L'hiver de mes 12 ans, mes amis et moi organisions de grandes batailles dans la neige. Tous les garçons du quartier y participaient. On portait de gros manteaux épais, des tuques et des mitaines pour nous protéger des températures de -30 °C. On livrait des combats épiques jusqu'à ce que quelqu'un abandonne. J'étais pas mal bon, mais j'ai reçu ma part de coups, surtout des enfants plus vieux. Les coups à la tête étaient interdits. C'était amusant. J'avais peur, mais j'y participais quand même parce que je ne voulais pas qu'on se moque de moi. Ça m'a appris à rester humble. On finit par accepter que les autres puissent être plus forts que soi.

Je n'ai pas toujours été le plus fort. La peur m'a *formé*. C'est pour ça que j'aime mon propre sentiment de crainte. Ne vous méprenez pas: je n'aime pas avoir peur, mais j'aime la peur passionnément. Je la respecte pour ce qu'elle me fait faire. Je la respecte parce qu'elle m'a fait tel que je suis aujourd'hui.

Je ne vous parlerai pas de certaines de mes craintes – celles qui me terrorisent et me paralysent. Elles m'empêchent de dormir et m'enlèvent mon sentiment de bien-être. Alors pas ici et pas maintenant. Je ne suis pas encore prêt. Je ne peux pas et je ne le ferai pas. Je ne suis pas une machine.

MÈRE: Mon Georges est né avec deux semaines de retard. Il avait des lésions sur le visage et, peu après sa naissance, son corps s'est couvert de plaques rouges. Cinq ou six médecins le surveillaient jour et nuit. Nous avions vraiment peur pour lui.

La vérité, c'est que je ne suis pas un gagnant-né. Quand j'étais petit, je n'étais qu'un *rejet*. J'ai commencé au bas de l'échelle, comme tous les gagnants, je pense.

C'était probablement une question d'apparence physique. Pour une raison qui m'échappe, je me léchais constamment les lèvres, sans arrêt. Je ne pouvais m'en empêcher. Je mordillais le collet de mon chandail ou bien je me passais la langue sur les lèvres. À la maison, en marchant pour aller à l'école, en classe ou dans la cour d'école, je faisais le tour de ma bouche avec la langue. Ce n'était pas une bonne habitude, surtout pour un garçon qui avait toujours eu des problèmes de peau.

En fait, ma mère m'a raconté que j'avais toutes sortes de problèmes de peau avant même de sortir de l'hôpital après ma naissance. La situation s'est améliorée et je me suis bien développé, mais, à l'âge de huit ans, j'ai dû subir une intervention majeure aux reins. (Avez-vous déjà remarqué mon énorme cicatrice au bas du dos?) Après l'opération, je me suis mis à faire du psoriasis. Je me suis rétabli à nouveau, mais, pendant un certain temps, je n'étais pas très beau à voir… Et peu importe la situation, je me léchais les lèvres sans arrêt.

Cette manie a provoqué une irritation autour de ma bouche, un cercle de peau à vif. Je ressemblais probablement à un clown miniature ou à quelque chose de ridicule. Aux yeux des autres enfants, j'étais différent, bizarre, une cible facile. C'était mon premier contact avec le monde des perdants.

J'ai commencé à suivre des cours de karaté à l'âge de sept ans et, deux ans plus tard, je m'étais déjà rendu compte que la vie ne se passe pas comme dans les films. Ce sont les brutes qui gagnent. Quand on est seul contre trois *toughs* de trois ans plus âgés que soi, qu'on n'est qu'un petit maigrichon de neuf ans qui a l'air bizarre, on est cuit. On a beau faire tous les mouvements d'arts martiaux que l'on veut, on a beau se battre avec toute son énergie, on ne parviendra jamais à les vaincre. Je n'étais pas Karaté Kid, parce que ça, c'est dans les films. Même si elle s'inspire de la réalité, la fiction, au cinéma et en littérature, omet souvent des nuances très importantes, très traumatisantes.

C'était difficile d'être victime d'intimidation là où j'ai grandi parce que tout le monde connaît tout le monde. Je viens de Saint-Isidore, un village situé à une demi-heure de Montréal qui compte environ 2 000 habitants. Je n'avais pas beaucoup d'amis, sauf Gerardo, un immigrant colombien qui ne parlait ni français ni anglais. Nous nous entendions très bien, probablement parce que, lorsque nous nous sommes rencontrés, nous ne pouvions pas nous parler. Nous communiquions par signes, mais je suis à peu près certain qu'il savait ce qui se passait. Il a toujours été un gars très intelligent. Je suis heureux qu'il soit resté à mes côtés et que nous soyons encore amis.

Je suis le genre de personne qui peut endurer les insultes, mais ce qui me fâche au plus haut point, c'est que quelqu'un s'attaque à une personne qui m'est chère. Ça me fait toujours bondir. Parfois, quand on m'attaquait, j'avais vraiment peur et je prenais mes jambes à mon cou. Par contre, il arrivait qu'on m'humilie devant tout le monde et je n'avais pas le choix : il *fallait* que je me batte. J'ai affronté le danger même si je savais que je n'allais pas gagner. Je me disais : « Au moins, je vais donner des coups. Ils vont le regretter et j'espère qu'ils ne recommenceront plus. »

On me provoquait n'importe quand, n'importe où : après l'école, le midi, pendant la récréation… Au ballon-chasseur, les enfants me visaient exprès au visage. Ils me lançaient le ballon même quand je ne jouais pas, pour le simple plaisir. Je m'éloignais et paf! ils m'atteignaient en pleine face. Ils riaient encore plus fort et ça me faisait encore plus mal parce que je ne m'y attendais pas.

Les mauvais traitements m'ont toujours mis en colère, mais j'essayais de ne pas le montrer. Je passais par toute la gamme des émotions, comme la peur et le déni, et j'apprenais à être courageux. Je me suis déjà battu parce qu'ils avaient craché sur mon ami et sur moi. Je suis revenu sur mes pas en prétextant avoir oublié quelque chose et j'ai donné un coup de poing à l'un d'eux. Ses amis ont été surpris. Je l'ai bien eu. J'ai pris mon élan pour le frapper de nouveau. C'était une erreur: ils se sont regroupés et j'en ai payé le prix. Parfois, on n'a pas le choix et on ne peut pas tout simplement s'en aller.

À vrai dire, l'intimidation m'a aidé à devenir ce que je suis. Sans ça, sans ces obstacles, l'histoire serait différente, mais j'ai grandi dans l'intimidation, c'est une période clé dans ma vie et je suis passé à travers. C'était ma responsabilité de surmonter cette épreuve et j'ai réussi.

C'était chaque jour exactement la même chose. Je me levais, je me rendais à l'école par le même chemin, en passant devant les mêmes maisons et les mêmes arbres. Mon univers mesurait quatre kilomètres carrés et tout ce que je connaissais s'y trouvait. Un jour, on a commencé à me voler l'argent qui devait servir à payer mon repas du midi. Puis, mes vêtements. J'avais un super pantalon Adidas avec des boutons-pression sur les côtés qui se retire d'un seul coup en tirant, comme ceux que portent les joueurs de basketball professionnels à la télévision. Chaque jour, les petits *toughs* me l'arrachaient en riant.

C'est comme ça que j'ai perdu ma dignité. Devant tous les autres élèves, au beau milieu de la cour de récréation. Certains observaient la scène en ricanant, d'autres chuchotaient et me montraient du doigt. Et ceux qui avaient aussi peur que moi se cachaient. Ils remerciaient probablement leur bonne étoile de ce que les plus vieux s'en prenaient à moi plutôt qu'à eux. Je ne les blâme pas, parce que je me souviens et que je comprends comment ils devaient se sentir. Heureusement, je pouvais endurer beaucoup de choses. Pourtant, pour une raison qui m'échappe, je tenais à porter ce pantalon.

Un soir, de retour de l'école, j'ai raconté à mes parents que d'autres élèves m'avaient piqué mon argent. Mon père, Roland, s'est aussitôt levé de table et s'est rendu chez l'un d'eux pour révéler à ses parents ce qu'il avait fait. Il a exigé des excuses et la promesse qu'il ne recommencerait plus jamais. Cette stratégie n'a rien donné et m'a complètement humilié. C'est pourquoi je n'ai plus jamais informé mes parents de ce que je subissais à l'école. Ma mère m'a avoué récemment que la seule autre fois où elle a entendu que je me faisais maltraiter, c'est au cours d'une entrevue télévisée, il y a quelques années, quand j'étais dans la vingtaine.

Les *bullies* se sont acharnés sur moi durant presque trois ans, jusqu'à ce qu'ils trouvent un meilleur *rejet*, j'imagine. Peut-être qu'ils se sont simplement lassés de moi. Ou encore, ils avaient remarqué que je grandissais et savaient que j'étais sur le point d'obtenir ma ceinture noire de karaté. J'ignore pourquoi ils ont décidé de me laisser tranquille et, honnêtement, je m'en fous.

La leçon la plus importante que j'ai apprise dans mon enfance, c'est probablement que je ne veux pas que d'autres se sentent comme je me sentais.

MÈRE : Je faisais écouter des disques avec des messages subliminaux à Georges quand il était jeune. C'était de la musique de relaxation pour le calmer avec des messages positifs, des phrases comme « tu es un enfant aimé » ou « tu es une personne remarquable ». C'était important pour moi qu'il ait une bonne estime de lui-même.

À l'âge de huit ans, il a subi une opération majeure aux reins. C'est à cette époque qu'il s'est mis à faire du psoriasis. Il venait aussi de commencer ses cours de karaté. Je me souviens qu'au début il pleurait quand il perdait. J'ai gardé chacune de ses évaluations et on peut voir d'où il est parti et où il est parvenu aujourd'hui. C'est incroyable.

Certains apprennent à perdre. D'autres apprennent en perdant. À mon avis, cette deuxième approche est beaucoup plus valable parce qu'elle oriente l'esprit vers les points positifs et nous éloigne des aspects négatifs. Un de mes proverbes japonais préférés est *Tombe sept fois, reste debout huit fois.* On peut l'appliquer à tout, mais on ne le comprend vraiment qu'après avoir échoué à quelques reprises.

La victoire, c'est l'amour. J'ai pleuré quand j'ai remporté mon premier titre. C'était le plus beau moment de ma carrière, un rêve devenu réalité. La défaite, par contre, est une étape sur un chemin de vie beaucoup plus long. Et la seule façon de grimper et d'atteindre de nouveaux sommets, c'est de perdre. J'ai un rapport particulier avec la défaite. Je la crains à mort, mais ça ne veut pas dire que je ne trouve pas le moyen d'en tirer profit, parce que la défaite me change : elle fait de moi un homme meilleur.

J'étais au primaire lorsque j'ai compris ce que perdre signifie réellement. Je n'avais que huit ans, mais je m'en souviens comme si c'était hier. Je revois la scène dans mon esprit. Je n'ai oublié aucun détail parce que c'est aussi mon premier souvenir de la douleur.

Nous étions dans la cour d'école, à la récréation, et un groupe de jeunes plus gros et plus grands que moi jouaient sur les bancs de neige. Croyez-moi, il y en avait, de la neige, à Saint-Isidore, en hiver! C'était ce qu'on appelle un *vrai* hiver. Les camions déblayaient la cour et formaient d'immenses buttes dans un coin. Elles étaient si hautes qu'on ne voyait pas de l'autre côté. On pouvait s'amuser pas mal dans une cour d'école transformée en forteresse blanche.

Les midis d'hiver, nous étions 8 ou 10 à jouer au Roi de la montagne. Le principe est simple: tous les participants se mettent au pied de la butte et la gravissent à toute vitesse pour être le premier à atteindre le sommet, puis ils essaient par tous les moyens d'y rester pour être le Roi.

Nous voulions tous être le Roi. Les plus durs de l'école, ceux qui avaient quelque chose à prouver, participaient tous. Il n'y avait pas de règlement. On pouvait faire n'importe quoi pour demeurer en haut.

Comme mes amis ne jouaient pas au Roi de la montagne – ils étaient soit trop petits soit trop studieux –, je ne connaissais rien au jeu, mais j'étais curieux. Au début, j'observais la *game* de loin, adossé au mur de l'école, en essayant de comprendre. Un jour, je me suis dit que ce n'était pas si difficile et j'ai décidé d'y aller.

J'avais peur, mais j'étais agile. Alors, au début, je me suis plutôt bien débrouillé, poussant quelques enfants tout en évitant d'être moi-même poussé en bas. Je me croyais suffisamment fort pour devenir le Roi. Mais ce dont je ne me rendais pas compte, c'est qu'aux yeux des habitués je n'étais que le petit nouveau, la recrue, la chair fraîche. Les autres connaissaient leurs méthodes, leurs forces, leurs faiblesses, leurs stratégies et tout le reste. Alors ils ont tout de suite repéré l'inconnu qui se mêlait au jeu. C'est comme au football, quand un vétéran remarque la présence d'une recrue dans l'unité adverse et dit à un de ses coéquipiers : « Laisse-le passer une fois ou deux pour que je puisse m'occuper de lui. » Il arrive toujours un moment dans la vie, et particulièrement en sport, où quelqu'un va nous mettre à l'épreuve pour voir de quoi on est fait. C'est comme ça.

Un des adversaires que j'avais poussés était frustré. Je n'oublierai d'ailleurs jamais son nom... Il s'est tourné vers moi et m'a demandé : « Veux-tu t'battre ? » Je pensais qu'il voulait simplement s'amuser sur la montagne. J'avais à peine commencé à répondre « oui » qu'il m'a cogné avec une droite sur le nez.

Paf !

Je suis tombé et j'ai déboulé la « montagne » jusqu'au sol. J'étais sonné et j'ai compris en apercevant la tache rouge sur la neige que je saignais du nez. J'ai mis de la neige sur mon visage pour deux raisons : pour arrêter le sang de couler, mais aussi pour cacher ma honte. Joël était un bon garçon et nous avons discuté de ce qui s'était passé par la suite. Il était frustré de me voir tenir le coup au sommet et il m'a pris de court. Tous les enfants dans la cour d'école l'ont vu me frapper. J'ai tiré une leçon de cet événement et je ne l'oublierai jamais.

J'ai perdu la montagne, mais j'ai découvert, ce jour-là, le pouvoir de l'effet de surprise. J'utilise cette tactique depuis.

Les pires coups sont ceux qu'on n'appréhende pas, ceux que le cerveau n'a pas le temps de préparer le corps à absorber. Les coups bien dirigés. Particulièrement les coups – de poing, de genou ou de pied – qui atteignent la tempe ou le menton. Ce sont les coups que l'on ne sent pas immédiatement, parce que le corps donne la priorité à la puissance qui en émerge. Le déplacement instantané et intense de matière humaine est si important que les genoux se bloquent et paralysent. Tout le corps cesse de fonctionner. Et on commence à faiblir.

Lorsque j'étais au sommet de la montagne de neige, j'ai appris que, pour devenir le Roi, mais surtout pour le rester, je devais garder l'œil ouvert et les poings prêts à tout moment.

MÈRE : Georges bougeait sans cesse et nous devions trouver de nouvelles façons de le punir. Nous ne pouvions pas le mettre dans un coin, c'était tout simplement impossible. Alors, quand il se comportait mal, je l'envoyais jouer dans le module de jeu sur le côté de la maison. Je lui disais de dépenser son trop-plein d'énergie. Il faisait déjà ses nuits à l'âge de 2 mois, à 9 mois il se tenait debout et il a fait ses premiers pas à 13 mois. À vrai dire, il préférait marcher à quatre pattes à reculons et il entrait constamment en collision avec les gens. Un jour, je l'ai amené passer une audition au Cirque du Soleil, mais ce n'était pas pour lui. Il m'a prévenue qu'il ne porterait jamais des shorts « moulants » d'acrobate. Jamais. Il y avait aussi des gymnastes professionnels et olympiques de tous les types, mais cet endroit ne lui convenait pas.

En vieillissant, Georges est devenu de plus en plus actif et, étrangement, il marchait toujours sur la pointe des pieds. Il pouvait disparaître si on le quittait du regard seulement quelques secondes. Un jour, alors qu'il avait deux ans et demi, il plantait des tomates avec son père dans la cour. Celui-ci s'est retourné un instant à peine et pouf ! Georges était parti dans la nature. Nous avons fini par le trouver plus loin dans la rue, presque au coin, en train d'observer les autos qui passaient. Nous avons eu peur...

Georges n'a jamais pu rester assis tranquille 30 secondes. Il a toujours été hyperactif. C'était comme ça dans sa jeunesse. La meilleure chose que j'ai faite quand il était petit a été de lui acheter une encyclopédie pour enfants sur les dinosaures. Il l'a lue et l'a apprise par cœur. Une passion pour ces bêtes s'est développée chez lui et il voulait constamment en savoir plus.

Beaucoup de gens se demandent pourquoi je m'intéresse tant aux dinosaures et à leur histoire. La raison est bien simple : ils étaient les créatures les plus grosses et les plus puissantes physiquement sur terre, et pourtant, il n'y en a plus. Ils ont fait la loi sur la planète durant plus de 150 millions d'années, mais ils ont fini par disparaître et ça me fascine. Ces animaux m'obsèdent depuis que ma mère m'a acheté ce livre. Comment se fait-il que ces bêtes effrayantes d'une force inimaginable aient été rayées de la surface de la terre ? Les coquerelles m'intriguent aussi. Elles existent pour une seule raison : la survie. C'est tout à fait le contraire des dinosaures. Ces insectes sont de petites machines de survie. Les scientifiques croient qu'elles pourraient résister à de très hauts niveaux de radiation à la suite d'une catastrophe nucléaire et ça, ce n'est qu'une seule de leurs caractéristiques.

La coquerelle est comme un nerf géant attentif à tout ce qui l'entoure : son environnement et toutes les sources de danger potentiel. Ce qui la rend si exceptionnelle, c'est qu'elle s'adapte à pratiquement toutes les situations auxquelles elle fait face. Cet insecte est un radar mobile qui détecte les menaces et les évite.

La coquerelle ne gaspille absolument rien. Chaque miette a son importance. Elle peut atteindre une vitesse de 4,8 kilomètres à l'heure. Ses réflexes sont plus rapides que ceux d'un humain. Elle peut subsister en mangeant du papier ou de la colle. Elle a deux cerveaux, dont un dans son derrière, et une série de dents dans l'estomac pour l'aider à digérer la nourriture. Elle peut s'aplatir à l'épaisseur d'une pièce de 10 cents et passer 40 minutes sous l'eau sans reprendre son souffle. Elle s'entraîne à survivre depuis plus de 280 millions d'années. Une femelle peut être enceinte toute sa vie. Son cœur n'a pas à bouger ni à battre. Elle passe les trois quarts de son existence à se reposer. La coquerelle vit dans les fentes et les coins, en fait n'importe où. Elle peut survivre sans problème à une température de - 32 °C. Elle possède un nerf géant qui relie sa tête à sa queue et les poils de ses pattes postérieures évaluent les perturbations de l'air. Elle peut même vivre une semaine entière sans sa tête avant de mourir, pour la simple raison qu'elle ne peut plus boire d'eau. Cet insecte effraie et intimide les humains, il éveille leur méfiance et les dégoûte. Même son nom est laid. Mais il survit à tout.

Malgré leur grande puissance et leur taille énorme, les dinosaures n'ont jamais su s'adapter et ont disparu. C'est d'ailleurs leur incapacité à s'adapter qui les distingue des coquerelles : une espèce a été capable de s'adapter, et l'autre non. Les dinosaures n'ont pas pu s'ajuster soit parce qu'ils n'en ont pas vu la nécessité, soit parce qu'ils n'ont pas compris que c'était une obligation. La raréfaction de la nourriture et le changement de l'environnement autour d'eux, qu'il s'agisse de la température ou de l'apparition des mammifères, ont entraîné leur extinction lente et graduelle.

On peut faire la même analogie avec les sports de combat et sans doute n'importe quel autre sport. Ce ne sont pas toujours les plus forts qui survivent. Il faut aussi faire preuve d'intelligence, d'audace, de tolérance et de prévoyance. On le remarque depuis les premiers combats d'arts martiaux mixtes.

Royce Gracie – qui a gagné le premier tournoi de l'Ultimate Fighting Championship (UFC 1) contre Gerard Gordeau – est probablement ma plus grande source d'inspiration en arts martiaux mixtes. Il mesure plus de 1,80 mètre et pèse 84 kilos, alors que Gordeau fait 12 bons centimètres de plus, qu'il est plus costaud et physiquement plus fort. En fait, peu de gens croyaient que Royce pouvait remporter la finale du premier tournoi de l'UFC. Tous les amateurs voyaient en son frère Rickson un athlète plus complet et mieux préparé aux combats libres. Toutefois, c'est Royce qui a été choisi pour représenter le style de combat caractéristique de la famille Gracie. Royce n'a pas eu à se battre longtemps pour jeter Gordeau au tapis, l'emprisonner dans une prise de cou et le terrasser.

À mon avis, ce duel a démontré qu'il existait une nouvelle façon de se battre. Il a fait la preuve qu'un homme plus petit et plus léger pouvait vaincre n'importe qui, que les arts martiaux mixtes vont au-delà du simple combat: il s'agit d'une discipline de stratégie. (Certains ne voient pas encore les choses de cette façon, même s'ils le devraient.)

Par la suite, Royce a vaincu de nombreux adversaires beaucoup plus costauds que lui, notamment Akebono, le légendaire champion de sumo. Le combat de Royce contre Akebono – un colosse de 2 mètres et de près de 227 kilos – a duré à peine plus de deux minutes. Akebono a réussi à grimper sur Royce, mais avec un mouvement quelconque. Royce s'est tortillé avec lenteur et méthode pour améliorer sa position jusqu'à ce qu'il réussisse à agripper l'un des gigantesques bras d'Akebono. Il a bloqué son poignet et Akebono a déclaré forfait.

Après le combat, le sumotori a avoué : « J'ai fait tout ce que mes entraîneurs m'avaient conseillé d'éviter. »

Pour sa part, le vainqueur a déclaré : « Ce que vous avez vu ce soir, c'est exactement ce à quoi je m'étais entraîné. Je savais que je devais jeter Akebono au sol et que la meilleure façon d'y parvenir était de le laisser m'attaquer. La tactique a fonctionné à merveille. »

Lorsqu'Akebono s'est mesuré à Royce Gracie, en 2004, il était le dinosaure qui n'avait pas su s'adapter malgré ses caractéristiques supérieures sur tous les points. Cet expert d'une discipline de combat était trois fois plus gros que son adversaire, alors que Gracie était un athlète plus souple qui avait suivi son plan avec patience et méthode, en profitant de chaque occasion qui s'était présentée à lui au fil du combat. Bien entendu, je ne dénigre pas Royce en le comparant à une coquerelle – il est un héros pour moi –, je veux plutôt dire que son approche et son style lui permettaient de s'adapter constamment aux menaces auxquelles il faisait face. C'est une simple clé de poignet qui a terrassé Akebono, le redoutable colosse.

À de nombreux égards, j'essaie d'imiter l'existence de la coquerelle axée sur la survie : je dois constamment inventer de nouvelles techniques pour vaincre des opposants différents et de plus en plus dangereux. En outre, j'ai eu à améliorer mon efficacité pour progresser dans ma carrière. C'est un élément critique parce que, comme cet insecte, je cherche à semer la confusion dans l'esprit de mon adversaire avant même que le combat commence. Je veux le troubler psychologiquement pour avoir un avantage sur le plan mental.

Pour gagner ma vie à mes débuts dans les arts martiaux mixtes, j'ai notamment occupé l'emploi de *doorman* dans un bar près de Montréal. Chaque soir, j'ai dû tenir tête à de grosses brutes qui voulaient me provoquer. Il arrive encore, et toujours dans les bars, que de pauvres types se présentent à moi, me jettent un œil et me défient. Ça ne me dérange pas, ça fait partie du jeu. Quand un client perdait les pédales, je lui disais généralement: « Je ne comprends pas ce que tu dis. Viens dehors, on va discuter. » Il me suivait, croyant qu'on allait se battre. Une fois à l'extérieur, je lui annonçais qu'il ne pouvait pas retourner à l'intérieur à cause de son comportement et qu'il serait le bienvenu un autre jour, quand il serait calmé (et sobre). Ça choquait beaucoup de gens, mais ce n'est pas grave, ce sont des choses qui arrivent. La plupart du temps, ces gars-là n'étaient que des soûlons inoffensifs qui voulaient montrer leur force physique. La meilleure technique consistait à être plus intelligent qu'eux, à les faire craquer et à les éviter.

Il y a encore beaucoup de combattants qui misent sur leur force brute plutôt que de perfectionner leur technique. Par contre, ils se heurtent souvent à un mur quand ils affrontent des adversaires de meilleur calibre et plus futés. Dans le domaine des sports, on voit beaucoup de David se mesurer à des Goliath.

Je n'ai jamais été le plus costaud dans l'octogone, et ce n'est pas ce que je recherche. Mon objectif, c'est d'être le combattant le plus efficace et le plus astucieux. J'aspire à être souple, ouvert d'esprit et prêt à affronter n'importe quelle situation. J'ai beau aimer les dinosaures et tout ce qui les concerne, c'est plutôt la coquerelle qui m'inspire: l'être qui s'adapte le mieux et survit à presque tout.

MÈRE: Ce que je me rappelle le plus, c'est que, quand Georges entreprenait quelque chose, il n'arrêtait jamais. Lorsqu'il voyait à la télé un mouvement qui l'intéressait, il s'isolait dans un coin et le répétait jusqu'à ce qu'il le réussisse et, après seulement, il nous montrait ce qu'il pouvait faire. À l'âge de 10 ans, il a été intrigué par des gens qui marchaient sur les mains pendant une émission de télé et il a décidé de les imiter. Pendant deux années entières, il a marché sur les mains à la maison. J'appelais la famille pour venir souper et, tout à coup, on apercevait deux petites jambes dépasser de la table de la cuisine. Ça, c'était bien Georges!

J'avais sept ans lorsque mon père m'a initié au karaté Kyokushin. Il pratiquait ce sport depuis des années – il était ceinture noire – et m'en a enseigné la base dans le sous-sol de notre maison (qui, en passant, n'a pas beaucoup changé depuis mon enfance). Quand on y descend, on peut voir les vieux sacs de sable, les gants et tous les autres équipements que j'ai accumulés au fil des ans.

Quand mon père a jugé que j'avais bien assimilé les principes élémentaires, il m'a inscrit dans une école de karaté près de chez nous. Je me souviens bien de mon premier cours, de la ceinture blanche retenant mon kimono flambant neuf tout contre mon corps. Il y avait une centaine d'enfants dans cette classe… et au cours des semaines et des mois qui ont suivi, j'ai perdu contre la majorité d'entre eux.

Après quelque temps, mes compagnons et moi avons obtenu la ceinture verte. À l'examen de passage, j'avais remarqué que nous n'étions plus 100, mais environ la moitié moins. Au fil des ans, il restait de moins en moins d'élèves réguliers, mais je gagnais de plus en plus de combats. Je perdais encore souvent, mais je ne me décourageais pas. J'avais aussi confiance en mes entraîneurs qui me rappelaient sans cesse que je m'améliorerais et que j'avais des qualités athlétiques exceptionnelles, que je progressais.

J'obéissais aussi à mon père qui me disait de ne jamais abandonner, même si mes progrès semblaient lents. Un de mes amis m'a même qualifié de «têtu», d'«indépendant» et d'«hyperactif»! Des années plus tard, je peux confirmer qu'il voyait juste : dans ma jeunesse, j'ai marché sur les mains durant presque deux ans pour faire mes preuves!

Lorsque j'ai obtenu la ceinture brune, il restait moins de 10 élèves dans le cours et quand j'ai fait les essais pour ma première ceinture noire, alors que j'avais presque 13 ans, nous n'étions plus que 2. C'est à cette époque que je me suis rendu compte que, même si j'avais perdu beaucoup plus de combats que je n'en avais remporté au cours des cinq années précédentes, j'avais changé : *je trouvais de nouvelles façons de perdre.* Je tirais de chaque défaite une leçon qui me permettait de gagner certains combats serrés que je perdais auparavant.

J'ai découvert la résilience avec l'aide de mon père et de mes entraîneurs. Toutefois, à l'âge de 13 ans, je ne voyais pas encore la défaite avec une perspective philosophique. À 12 ans, j'avais même voulu abandonner le karaté pour de bon, parce que j'en avais assez de perdre et que je ne m'entendais pas très bien avec mon entraîneur qui, avec le recul, était un grand mentor, mais un homme sévère. Il nous corrigeait et criait beaucoup après nous. En fait, aujourd'hui, il ne pourrait probablement pas être aussi dur envers les enfants, mais c'était une autre époque. Un jour, j'ai annoncé à mon père que j'abandonnais le karaté, mais il n'a rien voulu savoir. Il m'a dit sèchement, en me fixant dans les yeux : « Tu pourras lâcher quand tu seras ceinture noire. N'abandonne jamais rien avant d'avoir été jusqu'au bout. » Il a repris sa lecture, fin de la conversation. Je n'avais pas d'autre choix que d'y retourner. Dieu merci, c'est ce que j'ai fait.

Une de mes sœurs suivait les mêmes cours et avait décidé, elle aussi, d'abandonner. Par contre, plutôt que d'en discuter avec mon père, elle se cachait dans le champ de blé d'Inde derrière chez nous pour que personne ne la force à aller à ses cours. Nous en rions encore. Je suis reconnaissant à mon père d'avoir insisté, parce que, sinon, j'aurais perdu une occasion et ma vie aurait mal tourné. Il a transformé cet épisode presque anodin en grande vérité : il faut toujours terminer ce que l'on commence.

* * *

Bien entendu, je n'ai jamais vraiment aimé perdre et je ne comprenais pas comment la défaite pouvait m'aider à devenir une meilleure personne. De 13 à 17 ans, j'ai vécu sous l'influence d'une émotion nouvelle : la colère. Je ne savais pas pourquoi on m'avait intimidé et ça me préoccupait beaucoup. Je me demandais ce que j'avais fait de mal et ce qui n'allait pas chez moi. J'ai décidé que je ne voulais pas revivre mon passé d'enfant intimidé et, au début, tandis que je m'améliorais au karaté, je cherchais simplement à apprendre plus de trucs pour casser un bras et faire mal aux autres. J'avais beaucoup de haine et de colère en moi. Et je voulais vraiment me venger.

C'est ce qui se produit quand on a été victime d'intimidation. Certains enfants deviennent de petits clowns parce qu'ils veulent être aimés à tel point qu'ils pensent être respectés de nouveau s'ils font rire leurs camarades de classe. Je connais des gens comme eux. D'autres victimes se cachent et cherchent à être invisibles en espérant que personne ne les remarque. D'autres encore se transforment en brutes à leur tour et rejoignent les rangs de leurs « bourreaux », non pas parce qu'ils aiment ça, mais parce qu'ils croient qu'en agissant ainsi personne ne les embêtera plus.

Et enfin, d'autres choisissent de s'en prendre seuls aux intimidateurs.

MÈRE : Georges n'ouvrait pas souvent ses manuels scolaires, mais il s'assurait de faire le travail demandé et de réussir tous ses cours. Il a toujours respecté ses enseignants et les personnes âgées.

Même si je n'étais pas du genre à provoquer les autres pour me battre, j'ai décidé de ne plus jamais éviter une bataille. Ces réflexions ont transformé mon comportement à l'égard des autres élèves à l'école.

Mes parents m'ont appris une autre grande leçon : toujours respecter les symboles d'autorité comme les enseignants. Certains étaient plutôt agaçants et impolis, mais une enseignante en particulier était gentille et très chaleureuse. Elle m'encourageait constamment et me traitait comme si j'avais quelque chose de spécial. On ne s'étonnera pas d'apprendre qu'elle était prof de religion et de spiritualité… J'ai décidé d'assurer la discipline dans son cours et de garder le contrôle sur les élèves pour éviter qu'ils dérangent lorsqu'elle nous enseignait. Ce n'était pas une mauvaise idée, mais ça ne m'a pas rendu plus populaire à l'école.

Un garçon n'arrêtait pas de m'insulter et, un beau jour, j'en ai eu assez. Nous nous sommes battus. Non seulement j'ai gagné, mais je lui ai aussi cassé le bras.

Et puis, mon monde a changé.

Après avoir réfléchi, j'ai eu honte de lui avoir fait mal à ce point et j'ai pensé que plus personne ne voudrait me côtoyer. J'ai même cru qu'on me rejetterait encore plus, mais ça a été tout le contraire. Je suis devenu populaire. Moi qui avais longtemps été un *rejet*, je me bats avec un gars, je lui casse le bras et je deviens populaire du jour au lendemain.

Je comprenais que c'était de la *bullshit* et ça me choquait que les autres élèves s'intéressent à moi parce que j'avais tabassé un gars. Je trouvais ça ridicule, même si les gens m'« aimaient » dorénavant. Je trouvais les gens stupides, je me fichais complètement de savoir ce qu'ils pensaient de moi et je n'ai plus jamais hésité à leur dire exactement le fond de ma pensée.

MÈRE : J'ai l'impression qu'il s'est senti très seul en arrivant au secondaire. Il passait beaucoup de temps à la maison. Il n'avait pas énormément d'amis, mais je me souviens que nos chiens voulaient coucher au pied de son lit ou devant la porte de sa chambre. Il avait une relation spéciale avec ses chiens, un berger allemand et un colley. Ils le suivaient partout.

Je crois que la raison pour laquelle il se sentait si seul, c'est qu'il ne savait pas quoi faire de son « génie ». J'avais l'impression qu'il s'isolait volontairement. Il a fréquenté deux filles très gentilles pendant un certain temps, mais je pense qu'elles sont devenues possessives et on ne dit jamais quoi faire à Georges. Son entraînement passe avant tout, toujours.

J'avais rejeté le monde d'où je venais. J'avais perdu mes repères, mes bases. Je sentais que l'univers s'ouvrait sous mes pieds et je me démenais pour garder l'équilibre. C'était ridicule que les gens se mettent à me respecter à cause de cet événement. Puis, je me suis rendu compte que ce n'était pas vraiment du respect, mais plutôt de la crainte, et ça m'a rendu encore plus furieux ! Je me suis donc concentré sur mon entraînement parce que c'était la seule activité que j'étais sûr de vouloir faire. Je me suis recroquevillé progressivement dans ma coquille, sans regret. Je suis retourné dans le sous-sol chez mes parents et au gymnase. Rien d'autre ne me faisait autant de bien. Quand j'ai été intimidé la première fois, jeune garçon, je ne savais pas comment agir. Je ne savais pas ce que j'allais faire de ma vie. Je n'avais aucune idée de ce que je deviendrais. Je me sentais bien quand je m'entraînais. Je travaillais. Je progressais.

Alors je me suis lentement retiré dans mon propre monde, dans l'existence que je m'inventais.

MÈRE : J'avoue qu'au début nous ne comprenions pas le Georges que nous voyions se battre dans l'octogone. Nous ne connaissions pas l'origine de sa colère et de sa soif de vengeance. Cette rage intérieure était inconnue pour nous. Il a dû insister pour que j'assiste à son premier combat, à Laval, et il n'arrêtait pas de parler de l'aspect technique des arts martiaux mixtes. Il m'a annoncé : «Tu me diras ce que tu en penses après m'avoir vu, pas avant.»

Depuis ce jour, nous n'avons manqué aucun de ses combats.

Il a aussi beaucoup changé, il a transformé sa façon de parler, de bouger, de s'habiller. C'est le même Georges, mais quand je le vois à la télé, je remarque qu'il s'est créé une deuxième personnalité.

Je me demande parfois d'où ça vient exactement.

Beaucoup de gens qui me connaissent depuis longtemps prétendent qu'il y a deux Georges. Ils voient et entendent deux versions de moi : il y a le Georges qu'ils côtoient depuis toujours et il y a cet autre Georges inconnu et étonnamment distinct, même s'il n'est pas entièrement différent.

Ma mère dit souvent qu'elle ne me reconnaît pas quand elle m'entend à la radio ou à la télévision. Les membres de mon entourage, avec qui je passe plus de temps qu'avec n'importe qui d'autre, me regardent parfois donner une entrevue et me fixent, comme s'ils ne s'attendaient pas à ce que je prononce ces mots-là. Comme si ce n'était pas vraiment moi.

À vrai dire, je pense savoir à quel moment j'ai remarqué ce changement, cet autre Georges, comme ils disent : j'avais 19 ans et je venais de commencer ma carrière en arts martiaux mixtes. Au cours des années précédentes, la vie me semblait longue et ardue. Je doutais beaucoup. Tout était noir. Mes rêves étaient prisonniers en moi et j'ignorais encore comment les exprimer. J'ai commencé à me comporter différemment, à prendre des décisions qui surprenaient certaines personnes, comme partir pour New York en vue de trouver de nouveaux entraîneurs, d'acquérir de nouvelles connaissances.

Je comprends ce que les gens veulent dire quand ils parlent des deux Georges. Il y a le *moi* dur et sans pitié quand je suis dans un environnement hostile et il y a le *moi* plus conciliant quand je suis dans un contexte décontracté.

À la fin du secondaire, j'ai arrêté de parler aux autres, de nouer des liens, et je me concentrais uniquement sur moi. J'ai découvert un côté plus sombre, une zone d'ombre dans mon existence. Je ne sais pas vraiment comment l'expliquer. Je pense que ça faisait simplement partie de mon évolution. J'ai été une personne bonne et gentille à mes heures, et ça m'a aidé à profiter de certaines occasions. À d'autres moments, j'ai été impitoyable parce que c'était ce que la situation exigeait de moi. L'hérédité et l'environnement sont des facteurs déterminants de cette équation. L'endroit d'où je viens et les gens qui m'ont précédé ont contribué à faire de moi ce que je suis maintenant.

Je crois fermement au déterminisme. J'ai l'impression que je suis maître de tous mes gestes, mais, en réalité, ce n'est pas le cas. C'est comme au billard : on frappe sur la boule blanche, qui va frapper d'autres boules et les projette dans une trajectoire hors de notre contrôle, même si l'on sait où elles se dirigent. La vie est comme ça, mais en plus compliqué. C'est l'effet papillon et chaque geste a une incidence sur le résultat final. Ça signifie que je maîtrise la plupart de mes réactions. En me perfectionnant et en acquérant plus de connaissances, je me prépare mieux à faire face à mon destin.

Par contre, la clé a toujours été simple : c'est la découverte. Même si d'autres personnes s'étaient prononcées sur mon potentiel, j'ai gardé le silence jusqu'à ce que je sache exactement ce que je voulais faire : des combats d'arts martiaux mixtes. Cette découverte a donné forme à mes rêves intérieurs parce que j'ai sincèrement cru que je pourrais devenir un combattant, un vrai. Alors, j'ai changé : plutôt que rêver ma vie, j'ai commencé à *vivre* mes rêves.

À cette étape de mon existence, j'ai délaissé plusieurs choses. J'entendais constamment les paroles de mon mentor Kristof Midoux chuchotées dans mon oreille et ça a déclenché une réaction en moi. Je me suis rendu compte que c'était ce que je voulais faire : devenir le champion du monde en arts martiaux mixtes.

Et alors, toute mon énergie, tout ce que j'avais en moi s'est orienté vers cet objectif unique. Je ne faisais plus de sacrifices, je prenais des décisions. Je m'entraînais au lieu de faire la fête. Je travaillais au lieu de jouer. Je perfectionnais mes mouvements plutôt que de les répéter sans conviction.

Je me suis mis à vivre ma vie en poursuivant un but et en suivant une direction. Comme l'a dit Bouddha : « L'intention d'abord, l'illumination ensuite. »

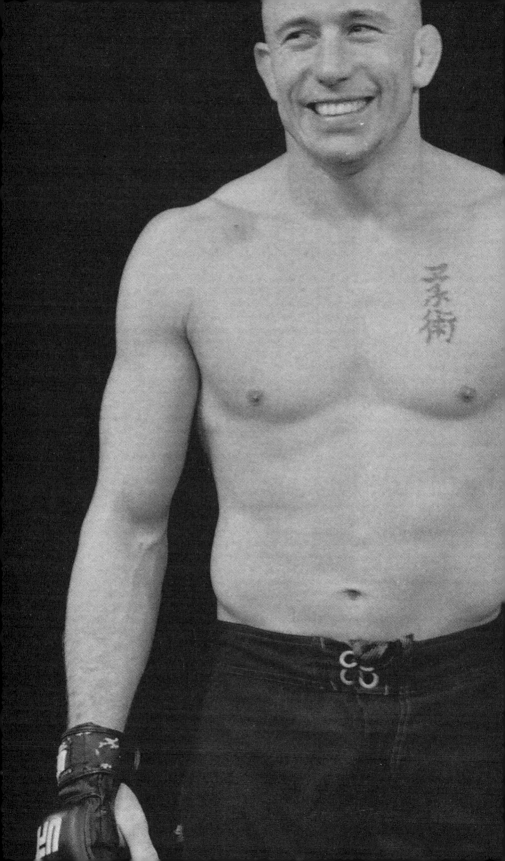

Livre 2

MENTOR

Le livre fondamental

AVEC

Kristof Midoux, sensei

Je me faisais des idées

J e ne dominais pas encore la peur, même si je le croyais. Être dans le *maintenant*, vivre le moment présent alors que je venais d'apprendre que des chirurgiens allaient me jouer dans le genou est devenu une mauvaise idée. Ce n'était pas une bonne chose de combattre ma peur au présent. J'ai eu des coups durs et la peur m'a affaibli, mais je pensais que j'aurais été capable de reconfigurer mon esprit après un certain temps. De retomber sur mes pieds. Mais je me trompais et j'ai paniqué.

Règle générale, la peur nous joue des tours dans le *maintenant*, quand nous pensons avoir retrouvé notre état normal. Elle nous porte à croire qu'il existe une solution toute faite, un remède facile. C'est ce qui m'était arrivé : j'ai décidé de faire opérer mon LCA déchiré *sur-le-champ*.

Je suis passé de la peur de ne plus jamais me battre au désir d'être en mesure de remonter dans le ring la semaine suivante. La peur m'a porté à croire que je devais régler le problème dans les 24 prochaines heures, dès que possible, tout de suite, SUR-LE-CHAMP ! Je me suis précipité chez moi pour chercher des chirurgiens sur mon ordinateur. J'ai « googlé » les mots « chirurgien », « ligament croisé antérieur », « LCA », « meilleur au monde ». J'ai dressé une liste de noms, des gens dont je n'avais jamais entendu parler. J'ai appelé les membres de mon équipe pour leur annoncer la nouvelle, mais je ne voulais pas qu'ils s'inquiètent, parce que j'avais un plan. Je voulais agir vite. J'ai demandé à Firas de m'aider à trouver des chirurgiens et de les prévenir que je pouvais me présenter dès le lendemain pour me faire opérer. Comme la peur m'avait convaincu que j'étais prêt, le plus tôt serait le mieux. La peur a pris le dessus sur mon esprit parce que c'est ce qu'elle est censée faire, et j'aurais dû le savoir. J'aurais dû me souvenir. Mais j'ai paniqué.

La peur déteste la logique. Elle nous pose des œillères et nous oblige à nous concentrer sur une seule chose, et cette chose n'est pas la peur.

D'un autre côté, la peur peut être un atout et il n'y a pas moyen de la chasser de notre existence.

En fait, éliminer la peur de nos vies est un mensonge ou une maladie mentale. Point à la ligne. Tous ceux qui disent ne pas avoir peur mentent. Ceux qui affirment ne rien craindre sont des menteurs ou alors ils sont complètement fous. Ils ont de gros problèmes de déni.

J'ai entendu une anecdote au sujet des soldats sur le point de se battre et de leur absence de peur. La personne m'a expliqué que c'était très simple (je paraphrase) : « Il y a deux sortes d'hommes : ceux qui veulent se lancer dans la bataille – les fous – et ceux qui ont peur, mais qui se battent quand même. Ce sont les courageux. » Je me suis rendu compte à ce moment que la peur est un élément essentiel du courage. Cette idée me plaît, parce que la bravoure nous apprend des choses sur une personne.

Le résultat, c'est qu'après un certain temps on s'exerce à être courageux. On comprend comment aller de l'avant malgré la peur, comment réagir dans certaines situations. On s'améliore. Ça ne veut pas dire qu'on n'éprouve plus de peur – ce serait de la négligence –, ça veut plutôt dire que nous avons mérité le droit d'être confiants dans notre lutte contre la peur.

MENTOR : C'est à l'entraînement que l'on voit le vrai Georges et que l'on constate à quel point il est dangereux. Comme un assassin. En fait, je pense qu'il est trop gentil avec ses compagnons d'entraînement. On peut lire sur leurs visages et les entendre après les séances : « J'ai fait ça à Georges » ou bien « J'ai passé sa garde et c'était facile. » Ils ne se rendent pas compte que Georges agit intentionnellement pour se placer dans des situations plus difficiles. Mais ça aussi, ça fait partie de sa stratégie de dissimulation : laisser les gens imaginer ses faiblesses et douter de ses forces. Toutefois, ces personnes qui s'entraînent avec Georges n'ont jamais l'occasion de participer à un vrai combat contre lui, et, de toute façon, ce n'est pas dans leur intérêt.

Beaucoup surnomment Kristof Midoux « The French Hurricane » (l'ouragan français). Sa capacité à surgir à tout moment, à occuper le centre de l'arène et à dominer des hommes avec sa force qui inspire le respect est légendaire. Après tout, Kristof a déjà mis hors de combat un adversaire en neuf secondes. C'est d'ailleurs un record en arts martiaux mixtes, je crois, et il a accompli cet exploit à son premier combat chez les professionnels.

Il est monté dans l'arène, l'arbitre a ouvert le combat, Kristof s'est avancé et a terrassé son adversaire d'un seul coup de genou. Tous les spectateurs dans la salle ont ressenti une vague de puissance, comme s'ils voyaient un héros de bande dessinée absorber complètement son adversaire et tout ce qu'il possède. Un monstre qui aurait avalé quelqu'un tout rond.

D'autres appellent Kristof Midoux « le Phénix », comme l'oiseau mythique doté du pouvoir de renaître après s'être consumé par sa propre chaleur. Certains le voient peut-être comme une boule de feu qui tombe du ciel. Peut-être est-il constitué de cendres qui donnent naissance à l'être. Ou encore, comme l'histoire classique, il symbolise l'immortalité.

Quel que soit le nom que vous lui donnez, laissez-moi vous dire une chose : Kristof Midoux est la personne qui a joué le rôle le plus important dans ma décision de me consacrer aux arts martiaux mixtes et celle qui m'a permis de comprendre, il y a longtemps, que j'avais ce qu'il fallait pour devenir champion.

J'avais 16 ans et je n'avais aucune idée de ce que j'allais faire de mon avenir. Je m'isolais des autres élèves, à l'école. Tout ce que je voulais, c'était aller à la réserve mohawk de Kahnawake, près de chez moi, pour assister à des combats locaux d'arts martiaux mixtes. Ma mère ne voulait pas que j'y aille, pas nécessairement à cause de la violence, mais parce qu'un magazine pour adultes était l'un des commanditaires. Le sport était nouveau, et je sentais des affinités avec ce que je voyais dans l'octogone. À l'époque, le Roi de cet octogone était Kristof Midoux.

Avec son 1,88 mètre et ses quelque 110 kilos, je le considérais comme un homme plus grand que nature. Il incarnait la puissance pure, irrépressible. Malgré sa nationalité française, il avait choisi de représenter Saint-Joseph-de-Sorel, au Québec. Il avait la même formation en karaté Kyokushin que moi et, surtout, il avait un gymnase d'arts martiaux mixtes à Montréal.

MENTOR : Le Canada m'a accueilli quand j'étais jeune et a toujours été très bon pour moi. Je m'y sentais vraiment bien et c'est ici que ma carrière a pris son essor. J'ai donc décidé d'être bon pour ce pays. La France n'a jamais accepté mon sport – pas encore, du moins –, alors je n'ai jamais représenté mon pays natal ni porté ses couleurs, et je pense que cela ne se produira jamais. Même aux compétitions internationales, c'est l'hymne canadien qui joue et mes commanditaires sont russes.

Après l'avoir vu se battre, j'ai décidé de le suivre et de trouver un moyen de devenir son élève.

MENTOR : Des gens de la réserve disaient que ce jeune parlait de moi et voulait me rencontrer. Je n'y accordais pas beaucoup d'importance, mais, un jour, j'ai dû l'écouter...
Je faisais des courses et j'ai vu une voiture arrêter au beau milieu de la rue. Cela a attiré mon attention. Tout à coup, un gamin blond aux cheveux courts en est sorti et a couru dans ma direction. Il m'a littéralement pourchassé sur le trottoir.

Je roulais sur le boulevard Saint-Laurent, au centre-ville de Montréal, lorsque j'ai aperçu Kristof qui marchait sur le trottoir. J'étais excité quand je me suis rendu compte que j'avais l'occasion de lui parler seul à seul. J'ai aussitôt freiné et je n'ai pas pris la peine de stationner mon auto. Je bloquais une voie. J'ai couru vers Kristof. Il s'est arrêté et m'a regardé de bas en haut d'un air curieux. Il a souri et m'a dit « bonjour ». Comme réponse, je lui ai humblement expliqué que je voulais à tout prix qu'il devienne mon professeur.

MENTOR : Il avait un regard bleu perçant et portait ses cheveux blonds court. Il avait tout d'un ado de 16 ans. Il m'a dit : « Monsieur Midoux ! C'est vous le champion des combats à Kahnawake ! Je fais du karaté, comme vous. Je veux devenir fort comme vous dans ce sport. »

« Pourquoi moi ? a demandé Kristof.

— Parce que je vous ai vu vous battre, on vient tous les deux du même milieu et je crois que vous pouvez m'apprendre beaucoup de choses. »

MENTOR : La détermination se lisait sur son visage et dans sa façon de m'adresser la parole. J'ai eu un *feeling* dans mes tripes, une bonne impression à laquelle je n'ai pas pu résister. Alors, je l'ai invité à venir le lendemain dans mon gymnase pour qu'il s'entraîne avec mes combattants et moi-même. J'ai dit que je l'observerais et que je verrais si je pouvais l'aider, et comment.

Je lui ai ensuite dit : « Il y a un problème, par contre : j'ai pas une cenne. » Kristof m'a répondu : « C'est pas grave, moi non plus. »

MENTOR : Quand il est venu, après notre première rencontre, j'ai tout de suite vu qu'il y avait quelque chose à faire avec ce gars-là. C'est pour cette raison que je ne pouvais pas le laisser à lui-même. Je lui ai dit que je l'aiderais s'il était discipliné et venait s'entraîner régulièrement.

J'ai constaté dès le premier jour qu'il adorait s'entraîner, c'était sa raison de vivre et rien ne pouvait l'en empêcher. Rien du tout. C'est aussi pourquoi je voulais l'aider. J'ai fait tout ce que je pouvais pour le fatiguer, pour le faire tomber d'épuisement, pour casser sa volonté et sa détermination, rien à faire : il revenait toujours me voir. Il revenait jour après jour et en demandait davantage. À plusieurs égards, c'était comme une lutte sans merci entre nous pour déterminer qui pouvait résister à l'autre. Chaque fois qu'il venait s'entraîner — deux heures intenses suivies d'une courte pause de dix minutes avant de recommencer –, je voyais de plus en plus de potentiel.

Ma vie s'est littéralement transformée après que j'ai rencontré Kristof.

Tout a commencé dès les premières minutes de la première journée dans son gymnase. Il m'a regardé droit dans les yeux, il m'a montré du doigt et a déclaré : « Je vais faire un champion de toi. » J'ai paniqué. Non seulement il était une légende par chez nous, mais aussi il avait vraiment l'allure d'un athlète des arts martiaux mixtes : son corps taillé au couteau était couvert de bleus et de tatouages. Et son intensité était à la hauteur de son physique.

J'avais déjà pensé que je pourrais devenir un champion, mais je n'en avais jamais parlé à personne. Je me disais que ce n'était qu'un rêve, une illusion mentale, une autre fantaisie qui existait seulement dans ma tête. Pourtant, Kristof croyait en moi.

MENTOR : Il menait une vie de fou : il n'avait pas d'argent, il était vidangeur à temps partiel et avait d'autres emplois de merde, il avait une vieille bagnole de merde remplie de cochonneries, mais il ne se plaignait jamais. Après un entraînement exigeant, on buvait une pinte de lait, on mangeait deux morceaux de poulet frit ou une salade avec pas grand-chose dedans, et malgré cette nourriture de merde et peu coûteuse, il me regardait et m'assurait qu'il avait repris ses forces et qu'il était prêt à recommencer. Il était toujours prêt à recommencer et il n'a jamais vraiment changé sur ce point.

À cette époque, mon seul réconfort, c'était de m'entraîner et de me battre dans le gymnase, et Kristof m'encourageait à continuer de cette façon. Pendant ce temps, il faisait ce à quoi il était bon : me préparer mentalement aux défis qui m'attendaient. Beaucoup de gens doutaient de Kristof et ont fait des allusions à sa réputation discutable, mais je m'en foutais complètement. Il était différent de tous les gens que j'avais rencontrés et ses centres d'intérêt étaient les miens, alors j'ai continué à faire ce que je connaissais et que je sentais être la bonne chose.

Il a aussi fait quelque chose de très intéressant quand nous avons commencé à nous entraîner ensemble.

MENTOR : J'ai fait en sorte que Georges découvre sa propre puissance en lui donnant des choix. Pendant que nous étions au gymnase, par exemple, j'invitais des combattants professionnels que l'on voyait à la télévision.

Il m'a fait affronter tous les combattants « régionaux » qui participaient régulièrement à des combats pour différents promoteurs, des gars que j'avais vus à la télévision détruire tous leurs adversaires. Et il m'a demandé, à moi, de les affronter… J'arrivais au gymnase pour l'entraînement sans connaître le programme de la journée et il me jetait littéralement dans la fosse aux lions.

MENTOR : Ensuite, je demandais à Georges de déterminer lequel des deux était le plus fort.
À l'époque, il y avait des légendes locales comme David Loiseau et Jason St-Louis. St-Louis, en particulier, était considéré comme un assassin. Je savais comment ces deux gars-là se battaient. Je connaissais leur façon de penser. Quand on est un professionnel, on se fait une opinion sur une personne simplement en la touchant ou en s'approchant d'elle. On perçoit une aura de force, de puissance, de danger… ou non. On peut sentir des gens à 10 mètres, on ressent la puissance qui émane d'eux. Je voulais enseigner ça à Georges et lui laisser voir comme il est fort. Je devais donc lui démontrer sa

propre puissance en utilisant les forces des autres et en mettant des obstacles sur son passage.

En fait, ces «assassins» réputés auxquels j'ai eu recours servaient plutôt de victimes, mais ils l'ignoraient. J'ai dû les attirer vers notre gymnase en inventant un prétexte pour qu'ils s'entraînent avec nous. Je leur disais : «Venez, je vous invite à un séminaire et à des séances d'entraînement gratuites.» Ils apercevaient les beaux yeux bleus et les beaux cheveux blonds de Georges en entrant et se disaient que c'était de la chair fraîche. Ils n'avaient aucune idée de la puissance qu'il avait en lui. Georges ne savait pas non plus ce qu'il faisait là. Il était effrayé et intimidé.

Au début, j'ai refusé de me battre : j'avais trop peur. Ils étaient vraiment forts et expérimentés, et je ne pensais pas pouvoir les dominer. Mais Kristof chuchotait constamment à mon oreille. Il me disait que j'étais meilleur que tout le monde et me rappelait d'y croire. Il se penchait vers moi, mettait sa main pesante sur mon épaule ou me prenait l'avant-bras et me disait : « T'es le meilleur. T'as la force. T'as les coups. Tu peux battre ce gars-là. Crois-moi et crois en toi. » J'ai fini par faire le pas, par traverser la ligne, et c'est la meilleure décision que j'ai prise. Ainsi, à 17 ans, j'ai réussi à dominer, comme il l'avait promis. J'avais découvert ma propre source de croyance et la transition pour me lancer dans le domaine des arts martiaux mixtes était faite.

Kristof m'a mis dans des situations où je ne pensais pas pouvoir gagner, mais où tout le monde était persuadé du contraire. C'est devenu sa marque de commerce.

MENTOR : Dans le domaine du combat, ce sont les Japonais qui m'ont «élevé». Leur méthode s'est inscrite dans ce que je suis. J'ai commencé à l'âge de quatre ans. J'ai permis de gagner à des gens qui auraient dû perdre. Tout cela est une histoire de jeux mentaux et de distinction entre fiction et réalité. Le seul vrai défi que j'ai eu à relever avec Georges était sa confiance. Je devais trouver une façon de l'aider à croire en son propre pouvoir.

Georges est d'abord et avant tout un théoricien. C'est pourquoi je crois qu'il deviendra un jour un grand professeur. C'est aussi pourquoi j'ai pu le mettre dans des situations où n'importe qui aurait échoué. Il a un esprit supérieur, particulièrement quand il est question d'arts martiaux. J'ai donc conçu des leçons spécialement pour lui.

J'adore apprendre et discuter de théories et de la façon dont les gens ont pensé dans l'histoire de l'humanité. Je suis attiré par la philosophie traditionnelle, mais je suis loin d'être un expert sur le sujet. Ce qui compte, pour moi, c'est une réflexion originale. Je ne dis pas que je m'y connais et que je peux donner un cours de philosophie. C'est plutôt que j'ai trouvé une façon d'intégrer la philosophie traditionnelle à mon mode de vie pour m'aider à améliorer ma situation. Ça signifie qu'un certain type de connaissance améliore ma vie. C'est pourquoi j'affiche régulièrement une citation inspirante sur ma page Facebook. J'en choisis une qui, je pense, m'aidera à être une meilleure personne et je la partage avec mes fans.

MENTOR : La différence entre Georges et tous les autres que j'ai vus s'entraîner, c'est sa discipline. Beaucoup de gens, au Canada, ont pratiqué ce sport, des types forts, mais qui n'ont pas ce qu'il faut pour aller loin. Pour ce qui est de Georges, on voit immédiatement par sa discipline et sa compréhension que les arts martiaux font partie de son identité. Même ce premier jour, si on avait pris la peine d'ouvrir les yeux, on aurait deviné qu'il se rendrait loin. Il était tout à fait pur : il ne fumait pas, il ne buvait pas, il était la concentration à l'état pur. Il était obsédé par le sport. Je le voyais dans son regard.

On ne peut pas faire croire à un idiot qu'il est fort : ça ne marchera pas et il ne réussira pas. Georges, lui, est extrêmement fort et il avait des capacités et un potentiel extraordinaires, mais il ignorait comment croire en lui. Il avait vu d'autres réussir et il n'a jamais voulu manquer de respect à quiconque.

La première fois que j'ai vu St-Louis, je n'ai pas voulu aller sur le tapis, mais Kristof m'a dit qu'il était trop tard, qu'il m'attendait. Je DEVAIS aller me battre. Il ne m'en a pas laissé le choix. Il me criait : « Va te changer maintenant ! » Il s'est tourné vers St-Louis et l'a mis en garde : « Voilà un nouveau, ne sois pas trop dur avec lui. » Mais ensuite, il s'est tourné vers moi et m'a donné ses instructions : « Prends l'initiative. Saute sur lui et bats-le le plus rapidement possible. »

MENTOR : Je savais que je devais lui permettre de constater à quel point il était plus fort que tous les autres. C'était l'aspect le plus difficile de mon travail : l'amener à voir son propre potentiel. Je lui ai imposé ma volonté. Je lui ai joué des tours pour le mettre à l'épreuve et il a passé le test chaque fois. Georges faisait tout ce que je lui demandais, tout ce que je lui enseignais, tout ce que je lui disais de faire. Un jour, je lui ai dit que les professionnels s'entraînaient de cinq à six heures par jour, et il m'a cru.

Et puis, c'est arrivé : j'ai réussi à faire tomber des gars cinq ou six fois de suite. À la fin de certains combats, il y avait des trous dans les murs. C'était le chaos total. Les corps bondissaient partout. Mais, d'une manière ou d'une autre, je réussissais à gagner. Ils se retournaient, complètement abasourdis, et demandaient : « Mais c'est qui, ce jeune-là ? » Comme dans une bande dessinée.

La chose que j'ai dû apprendre – et que je continue à apprendre dans ma vie de tous les jours –, c'est de prendre la puissance de la peur et de l'utiliser pour m'améliorer. Mais la peur est rusée et, souvent, elle est encore plus rusée que nous et elle nous fait faire des stupidités, des choses irrationnelles, ou bien elle nous fait oublier les choses les plus élémentaires, comme l'endroit où l'on se trouvait au moment où notre vie a pris un virage majeur. Parce que des changements finissent par se produire de temps à autre.

J'ai découvert que le secret est d'essayer de comprendre la peur et la façon dont elle agit. Ce que je cherche à faire, c'est démystifier la peur. Je n'ai pas le choix, parce que la peur marche à côté de moi partout dans la vie. Elle est là pour une raison.

Les gens ont peur quand ils se sentent menacés. Parfois, cette menace provient d'une douleur physique : un objet nous tombe dessus et la douleur nous effraie. C'est normal, et la peur nous dit d'être prudents, de nous éloigner parce qu'on ne veut pas que quelque chose d'autre nous tombe sur la tête. Ainsi, au bout du compte, la peur a une fonction bénéfique, mais les gens l'oublient. La peur est conçue pour nous amener en lieu sûr. Dans ce cas-ci, elle nous conseille de quitter cet endroit. Logique.

Le problème, avec la peur, c'est qu'elle nous parle de l'avenir. Elle nous dit : « Va-t'en ! Quelque chose de mauvais et de douloureux pourrait t'arriver. » Les humains ressemblent aux animaux sur ce plan : ils obéissent à leur peur et concentrent leur énergie pour quitter un endroit ou une situation particulière, pour se réfugier en lieu sûr. Ils rassemblent leurs forces et deviennent tendus à cause de la peur, et ça génère un afflux d'adrénaline.

Souvent, le mauvais côté de la peur est l'adrénaline, ou, plus précisément, les *effets secondaires* de l'adrénaline. Lorsqu'on éprouve de la peur, nos hormones s'affolent. En bref, essentiellement, c'est comme si nos muscles étaient propulsés par du kérosène, la vitesse de métabolisme fracasse des records (le cœur se met à battre à grande vitesse) et la glycémie suit. Notre état d'éveil change et toute notre attention est sous l'emprise de la peur. Celle-ci essaie de nous protéger en se demandant si quelque chose est sur le point de nous tomber sur la tête. Pour résumer, la peur nous prépare à livrer un combat sur-le-champ, quel que soit l'endroit où nous nous trouvons.

Dès que la peur est entrée dans nos vies – peu importe qu'on l'ait éprouvée pendant une seule seconde ou une vie entière –, elle nous emmènera dans une de ces deux directions : la responsabilisation ou la panique. C'est là l'origine de l'expression « comme un chevreuil figé dans le faisceau des phares d'une voiture ». L'animal est pris de panique et ce sentiment – la manifestation d'une peur extrême – le paralyse. C'est normalement la fin du chevreuil, une fin qui n'a rien d'heureux. Ne faites pas comme le chevreuil : le chevreuil idiot connaît une fin triste.

On doit commencer par se rappeler que la peur est là pour nous éloigner du risque. Elle est censée nous aider à nous améliorer. Par contre, pour nous aider, la peur nous transforme en machines très puissantes : elle nous envoie de l'adrénaline partout dans le corps et nous transforme en êtres exceptionnels tout-puissants, capables de soulever des voitures ou d'aller chercher des gens dans un édifice en flammes. Pensez aux pompiers : grâce à leur entraînement, ils parviennent à maîtriser leur adrénaline de façon à faire leur travail dans des situations périlleuses et à sauver des vies.

C'est ce qui s'est produit au début de ma carrière, particulièrement à l'occasion de mon tout premier combat de l'UFC contre Karo Parisyan, en 2004. En vérité, je n'étais pas considéré comme un adversaire de taille. À ce moment, j'étais plutôt censé être la chair fraîche d'aspirants vedettes comme l'était Parisyan. J'ai compris la nature de mon rôle et je l'ai accepté, mais ça ne voulait pas dire que je ne tenterais pas ma chance.

Au cours de ce combat, Parisyan m'a immobilisé deux fois avec un Kimura. La première fois, il ne me tenait pas assez fort et j'ai pu me dégager. À sa deuxième tentative, par contre, j'ai vraiment souffert. J'entendais l'annonceur crier « Kimura ! », et tous les membres de mon équipe – moi y compris – ont cru que c'en était fait de moi.

Très peu de gens comprennent comment j'ai réussi à me dégager la deuxième fois, mais je connais ma vérité : je n'avais rien à perdre, je devais gagner. Il le fallait et je ne pouvais accepter rien d'autre. Si je ne remportais pas cette victoire, je ne survivrais pas à la fin du mois. Je devais payer mon loyer, acheter à manger. J'étais prêt à mourir pour me sortir de cette prise. Je me disais : « Casse-moi le bras, s'il le faut. » Je n'avais pas le choix. J'ai donc utilisé ma montée d'adrénaline pour le rouler sur le dos et j'ai ultimement remporté le combat. La décharge d'adrénaline générée par la peur, l'entraînement et la puissance que m'a donnée le fait de prendre une décision ont contribué à ma victoire.

Bien entendu, je ne savais rien de tout ça à l'époque, mais je sais que je n'agissais pas seulement par instinct.

Avant certains combats, il est arrivé que je subisse des « chutes d'adrénaline ». C'est une autre façon de dire que la peur prenait possession de mon corps. Les baisses d'adrénaline sont très désagréables ; dans mon cas, je ne sens plus mes jambes. C'était une sensation envahissante qui me perturbait à tel point qu'un jour, juste au moment où j'allais monter dans l'octogone, j'ai dû demander à Rodolphe Beaulieu, qui était un de mes hommes de coin à l'époque, de frapper et de frotter mes cuisses parce que je ne les sentais plus. L'air horrifié et surpris de Rodolphe était révélateur de la gravité de la situation. Ça ne m'arrive plus très souvent, car je me suis habitué à dompter cette adrénaline et à la transformer en force que je conserve pour l'octogone.

Là se trouve le vrai secret : apprendre à utiliser la puissance de la peur. En vérité, la solution repose dans les mains de chacun. Si une personne ignore son identité propre et ses objectifs, la peur envahit son corps et en fait ce qu'elle veut.

La peur paralyse nos mouvements parce qu'elle nous transporte dans le monde des suppositions, et c'est le pire endroit qui soit. On commence alors à faire des stupidités, comme prédire l'avenir ou croire que sa carrière de champion des arts martiaux mixtes se terminera abruptement. Envisager le pire est non seulement inutile, mais aussi néfaste. C'est abandonner tous ses pouvoirs à la peur et la laisser envahir sa vie. Les conséquences sont désastreuses. On devient vulnérable dès que l'on commence à douter de soi. C'est à ce moment que les paroles des critiques se mettent à influencer nos pensées. On se dit : « Peut-être qu'il va me battre. Je ne suis peut-être pas assez fort. » Quelqu'un dit de vous (en langage de boxe) : « Il n'a pas de menton », et vous le croyez. Ce genre de paroles vous pénètre, comme une odeur qui ne s'en va pas.

Et puis, un jour, on en a assez du doute, des questions, du manque de confiance. Et puis, on se fâche contre tout le monde, contre soi-même. On se rend compte qu'il est temps de se rebeller. De se battre. Parce que c'est en se battant – en agissant – que l'on regagne sa confiance. En remontant dans le ring et en faisant bien.

Si vous avez l'impression que je parle de moi, c'est que je viens de décrire les pensées qui m'habitaient après ma défaite contre Matt Serra.

Au fil des ans, le corps n'apprécie pas si l'on n'apprend pas à agir avec la peur. On découvre alors la signification du mot «stress»; le stress est probablement responsable de toutes sortes de malaises, comme les rhumes, les infections, les maux et les douleurs étranges et variés qui affligent le corps, la fatigue constante, le manque d'appétit, et, pour certaines personnes très malchanceuses, de troubles d'ordre sexuel.

* * *

J'ai un secret pour empêcher la peur de prendre le contrôle. Il ne me vient pas toujours en tête immédiatement, mais je m'améliore. C'est la clé de tous les changements dans une vie: est-ce qu'on s'améliore ou non? Je crois qu'il est important d'établir une liste des méthodes efficaces pour chasser la peur, ce qui veut dire qu'on s'éloigne de l'endroit où nous attire la peur. Le monde des suppositions nous fait projeter de mauvaises idées dans l'avenir, votre avenir, et l'on sait que ça ne sert à rien.

J'en ai souvent discuté avec Firas Zahabi, mon entraîneur. Dès que je me trouve dans une situation où la peur risque de m'envahir, j'essaie de me remémorer ce qu'il me disait : « Georges, tu ne dois pas être l'acteur de ton propre film. »

Beaucoup de gens éprouvent une peur de ce genre lorsqu'ils mettent le pied dans un avion, par exemple, mais on sait que c'est complètement irrationnel. On ne panique pas quand on monte dans une voiture, alors pourquoi perd-on les pédales à bord d'un avion, un moyen de transport beaucoup plus sécuritaire ?

Si nous laissons la peur dominer nos émotions, elle nous entraînera dans la panique, mais si nous sommes objectifs et analytiques, nous pouvons alors la faire travailler pour nous.

Une fois qu'on maîtrise cette technique, on ouvre de nouvelles avenues pour générer de la puissance et accroître ses connaissances. On découvre de nouvelles façons de penser. On apprend que la peur peut devenir une alliée naturelle, une source d'énergie maison.

En trouvant le moyen de demeurer dans le moment présent, la peur peut seulement nous aider. Tout est affaire de préparation. Les samedis après-midi, quand je suis à Montréal, je vais m'entraîner avec d'autres combattants professionnels au gymnase Tristar. Je veux me battre avec des athlètes qui sont meilleurs que moi dans toutes les techniques de combat. Je veux que mes séances d'entraînement soient plus ardues que les vrais combats afin de me préparer à affronter les meilleurs.

Si on prépare son subconscient à faire face à des situations très stressantes, on peut vivre en harmonie avec ses peurs. On peut les dompter comme s'il s'agissait d'animaux sauvages et les utiliser à son avantage. Pour y parvenir, toutefois, on doit être pleinement conscients de ses propres intentions et comprendre honnêtement les objectifs qu'on cherche à atteindre et la façon dont ils se rapportent à la vie qu'on s'invente.

Alors, le secret, c'est de revenir au présent. Il y a toutes sortes de moyens pour y arriver. Le premier est simplement de regarder autour de soi et de se rappeler où l'on est en gardant en tête que tout est bien à sa place. Ça ne veut pas dire qu'on n'a pas d'inquiétudes au sujet de l'avenir – par exemple, je savais que j'allais devoir me faire opérer tôt ou tard, mais ce n'était pas le plus important à ce moment-là. À ce moment-là, ce qui importait le plus, c'était simplement d'inspirer profondément. Si vous m'avez déjà observé au cours d'un combat, l'une des choses les plus importantes que je fais entre les rounds, c'est de prendre de longues inspirations. On m'a dit que les gens qui méditent croient que quatre inspirations profondes – on inspire par le nez, on remplit les poumons, puis on expire lentement par la bouche – peuvent nous détendre. Je suis d'accord. Essayez et vous verrez l'effet au milieu de votre poitrine, dans votre thorax.

Lorsqu'ils méditent, les bouddhistes zen ont une façon de demeurer reliés en permanence au moment présent, peu importe où les mènent leurs pensées. Ils font sonner ce qu'ils appellent une cloche de pleine conscience. Ils s'assoient, respirent et méditent, et, lorsque la cloche sonne, ils ouvrent les yeux et se « rebranchent » à l'endroit où ils se trouvent pour demeurer attachés au présent. Ils sont reconnaissants d'être là et on les voit souvent sourire pendant qu'ils méditent. Ça me plaît.

Il y a quelques années, j'ai vécu une situation difficile avec une copine. Je l'aimais beaucoup, mais on se disputait continuellement. Je voulais à tout prix éviter de la blesser, mais il fallait que les choses changent. Pourtant, on aurait dit qu'elle était emprisonnée dans ma tête. Je ne pouvais pas y échapper, même en fermant les yeux. Et lorsque je les ouvrais, elle apparaissait partout où je regardais. Ça n'a fait qu'empirer la situation et je me sentais perdu, incapable de prendre une décision définitive.

Voyant l'effet de la situation sur moi, un de mes amis m'a donné un excellent conseil : « Fais comme les bouddhistes : rien. »

Cette attitude ne m'a pas donné la bonne réponse, elle ne m'a pas indiqué la voie à suivre ni n'a entraîné une grande révélation. Elle m'a simplement permis de faire une pause, une pause dont j'avais vraiment besoin. Elle m'a donné l'occasion de penser à autre chose. Elle a dit à mon cerveau, à mon réseau de neurones, que je n'allais pas penser à elle ni à nos problèmes pendant un bon moment, et que c'était correct. Cet arrêt m'a permis de me concentrer sur d'autres choses, mon entraînement, par exemple, ou simplement de m'amuser avec mes amis.

D'après moi, les bouddhistes ont une merveilleuse approche de la vie : ils s'assoient, réfléchissent et tentent de demeurer branchés sur le présent. C'est comme ça qu'ils apprennent à accepter ce que le monde a à leur offrir, peu importe la situation. C'est comme ça qu'ils atteignent le bonheur : en ne cherchant jamais à l'atteindre directement.

La grande leçon ici, selon moi, c'est que, parfois, on n'a pas à décider sur-le-champ ce qui doit arriver. On doit comprendre que le monde continue à tourner et que personne n'a à se précipiter pour prendre une décision ni à se jeter dans une situation.

C'est bon, parfois, de ne rien faire.

Quelques semaines plus tard, j'ai croisé le même ami et nous sommes allés manger une bouchée dans une rôtisserie portugaise au nord de la ville. Il m'a demandé comment allait mon histoire de cœur après avoir passé quelque temps « à ne rien faire ». Même si je n'avais pas encore trouvé de solution à mon problème, je lui ai répondu que je me sentais beaucoup mieux sur tous les plans. Je lui ai demandé combien de temps ça pouvait durer et il m'a dit, peut-être en blague, que certains moines bouddhistes passent leur vie entière « à ne rien faire ».

Ensuite, il a cité John F. Kennedy : « Un programme d'action comporte des risques et des coûts, mais ils sont bien moins élevés que ne le sont les risques et les coûts à long terme d'une confortable inaction. »

Autrement dit, il n'y a rien de mal à ne rien faire pendant un certain temps, mais l'objectif n'est pas d'éviter un problème. (Les bouddhistes zen pourraient bien s'opposer à ce que je dis à ce sujet.)

L'objectif est de réfléchir posément à tous les faits et de prendre une décision au moment opportun. Et le bon moment, il est propre à chacun.

> **MENTOR :** Il était facile de constater qu'il était un véritable athlète des arts martiaux. J'ai appris auprès de certains grands maîtres japonais de l'authentique tradition des arts martiaux, et Georges était le premier à incarner ces croyances, la voie, le *ryu* comme on dit.
>
> Je lui avais préparé un plan et il l'a accepté en me faisant pleinement confiance. À cette époque, je voyageais régulièrement un peu partout au Canada et aux États-Unis pour donner des séminaires et, lorsque je m'absentais, je laissais à Georges des instructions et une liste de gens à rencontrer pour son entraînement. C'est ce qu'il voulait et il faisait ce que je lui demandais sans douter de moi ni poser de question. Beaucoup de gens affirment s'entraîner cinq heures par

jour, mais ce n'est pas vrai, c'est de la *bullshit,* même s'ils croient que c'est la vérité. Pas Georges.

Ce n'est jamais une bonne option de rester debout immobile. Ni dans le ring ni dans la vie de tous les jours. Dès qu'on arrête de bouger, on est cuit. Lorsque le statu quo devient notre arme principale, notre arsenal se détériore. Quand on ne trouve aucune façon d'avancer sans se répéter, les erreurs et les défaites arrivent.

Ainsi, la seule façon d'avancer dans la vie, c'est en innovant. Et l'innovation née de la créativité authentique dépend du mouvement. La vie est toute en mouvement, alors que l'immobilité équivaut à la mort.

C'est au moment où l'on préfère mourir plutôt que de revivre une erreur, et lorsqu'on est vraiment engagé dans la recherche d'une meilleure façon de vivre sa vie, que le monde nous ouvre ses bras et nous récompense en nous offrant des possibilités. C'est pourquoi nous innovons... ou nous nous laissons mourir. L'innovation est d'une importance capitale pour moi, surtout sur le plan professionnel. L'autre option – l'immobilisme – engendre la suffisance, la rigidité et, au bout du compte, l'échec.

Je conçois l'innovation comme une progression, comme l'introduction de nouveaux éléments fonctionnels qui peuvent s'adapter à ce que je fais. Tout est question de me rendre meilleur, que ce soit par une évolution naturelle ou par une adaptation à de nouvelles idées. La réalité, c'est que l'innovation est un processus doté de ses propres règles et de ses propres étapes.

Dans mon cas, c'est simple : je conserve la mentalité d'une ceinture blanche qui peut apprendre de n'importe qui, n'importe où, n'importe quand. Pour ceux d'entre vous qui n'ont jamais pratiqué les arts martiaux, je précise que la mentalité de ceinture blanche est la première chose que l'on comprend, dès le premier cours, lorsqu'on nous remet la ceinture blanche : tout est connaissance, tout doit être appris. J'essaie de conserver cette mentalité. Lorsque je découvre un élément susceptible de m'être utile, je l'adapte à ma routine et à ma conception des combats. Je le soumets à un processus de tâtonnement. Si ce mouvement passe l'épreuve, j'incorpore cette nouvelle connaissance à mon arsenal. Je le répète et je constitue ma mémoire musculaire pour l'exécuter parfaitement. Je monte dans l'octogone avec un esprit ouvert et frais, ainsi qu'avec le soutien de mon équipe. Enfin, je mets cette innovation en pratique au bon moment. Le nouveau mouvement devient ce que je suis et ça signifie que l'innovation me garde au-devant de mes concurrents et que mes adversaires doivent s'adapter à moi, et non le contraire.

Il y a une autre bonne raison de changer les méthodes ou les approches d'entraînement : éviter l'ennui. Le changement est un excellent agent de motivation, et c'est là que débutent tous les bons entraînements. Quand j'en suis réduit à répéter les mêmes choses, j'ai besoin de quelque chose de nouveau, sinon je commence à éprouver un épuisement mental. J'ai besoin de sentir que je m'améliore constamment.

La nature et la façon dont les animaux survivent ou disparaissent me fascinent depuis toujours. L'étude des dinosaures est particulièrement intéressante, parce que ces créatures n'existent plus, même si elles étaient les êtres les plus gros et les plus féroces sur la terre. De leur côté, les rats et les coquerelles existent toujours.

Comment est-ce possible ? Une coquerelle n'a pas la force d'un dinosaure. Toutefois, la coquerelle est supérieure sur un point et ça lui a permis de survivre à travers les temps : c'est l'adaptation.

Un être peut s'adapter à l'environnement et un autre pourrait ne pas y arriver.

La plupart des gens n'admettent pas cette chose fondamentale et cruciale, et c'est le secret des arts martiaux mixtes (et de tous les sports, en fait). Notre adversaire change constamment lui aussi. Dans l'univers des arts martiaux mixtes, on affronte des lutteurs, des experts des prises de soumission et des cogneurs. Chaque fois que l'on se bat, l'adversaire ne ressemble en rien au précédent. Et au deuxième combat contre le même adversaire, celui-ci souvent ne ressemble pas à sa version précédente.

Je dois toujours m'adapter à de nouveaux environnements hostiles parce que ce qui arrive dans l'octogone change constamment. C'est incrusté dans mon esprit et j'ai adapté mon entraînement pour l'accepter et m'y préparer.

Je crois que toutes les discussions que j'ai eues sur l'histoire, les dinosaures et la philosophie ont rendu cette analyse possible.

Dès maintenant et pour les prochaines années, je serai au milieu de mon combat. Alors, je ne peux qu'être aussi bon qu'un scout : « toujours prêt ».

* * *

Quand je me suis blessé au genou et que j'ai eu besoin d'une chirurgie, mon entraîneur-chef, Firas Zahabi, m'a dit quelque chose de très intéressant. Il m'a expliqué que, dans son esprit, cette blessure était une bonne chose parce qu'elle m'aiderait à définir ma carrière. Il croit que si je reviens et que je reconquiers mon titre une troisième fois, ça aidera à distinguer mon parcours professionnel et mes réussites de ceux de tous mes concurrents. C'est un point de vue valable et ça m'a aidé à axer ma réadaptation sur des objectifs clairs que je peux visualiser.

J'ai appris que mes capacités d'innovation semblent s'améliorer en situation de crise. Comme perdre mon titre, par exemple, ou me blesser gravement au genou. Ces événements m'ont enseigné que j'avais besoin de continuer à innover pour regagner mon titre de champion, la place qui me revient dans les arts martiaux mixtes.

Je conçois l'innovation comme une discipline et non comme une loterie. Elle n'a rien à voir avec la chance et n'est pas le fruit de révélations puisque celles-ci ne sont ni prévues ni planifiées. D'après moi, l'innovation est le produit du mariage de deux choses qui relèvent de moi : le travail acharné et l'ouverture d'esprit.

On voit très souvent des chefs de file perdre de vue la façon dont ils sont arrivés là où ils sont : en agissant et en pensant différemment des concurrents. Ils se rendent à la première place, puis leur réflexion passe de la quête d'innovation à la quête du statu quo. Ils se disent : « J'ai la première place, alors je ne change rien. » Pourtant, le changement est ce qui leur a permis d'atteindre le sommet ! Ils oublient leur trajectoire parce qu'ils sont probablement centrés sur les résultats financiers plus que sur le *processus* menant à la victoire.

L'innovation explique pourquoi il y a encore des êtres humains sur la planète. La roue, la charrue, la maîtrise du feu ; la religion, l'athéisme, la logique et le mysticisme ; l'arc et la poudre à canon ; la médecine moderne, l'automobile et les puces électroniques : le monde nous rappelle constamment l'impact de l'innovation, qu'on y parvienne grâce à des outils, des théories intellectuelles ou des mouvements.

L'histoire de la guerre, par exemple, prouve que les innovations sont généralement le facteur décisif d'un combat. Mais on ne doit pas confondre innovation et inspiration : l'inspiration pourrait être l'idée de départ ou un embryon d'idée dans l'esprit d'une personne. Pour moi, l'innovation signifie que l'on doit soumettre l'idée, quelle qu'elle soit, à un processus, à une évaluation des résultats, et l'utiliser dans des situations particulières.

Ce n'est pas différent de mon approche au combat et dans l'octogone, qui est en fait mon « champ de bataille ». On ne peut pas se contenter de monter dans un ring et de battre quelqu'un en se fiant à ses instincts. On ne peut pas s'en tenir toujours à la même approche sous prétexte que cette stratégie a été efficace la dernière fois. Aujourd'hui, chaque camp a accès à des enregistrements vidéo et dispose grosso modo des mêmes outils techniques que l'adversaire. La différence sur le plan de la réussite découle d'une innovation soigneusement planifiée. On doit changer les choses, ne pas se contenter de les garder neuves, on doit progresser. Votre stratégie pourrait surprendre les adversaires, les critiques ou les amateurs, mais, en réalité, elle a été soigneusement approfondie, apprise et exercée au point que cette innovation peut par la suite céder sa place à l'inspiration.

Les arts martiaux mixtes offrent un des environnements les moins stables dans le domaine du sport. Un affrontement est un chaos absolu. Les résultats varient, et, en arts martiaux mixtes, la victoire est la seule avenue que je peux envisager.

Absolument toutes mes innovations visent à l'efficacité. Je prends le risque d'innover, de bâtir sur une formule gagnante pour éviter de m'encroûter et, surtout, de me mesurer aux nouveaux défis qui m'attendent. Si le changement est perpétuel dans le monde, il doit l'être pour tous les individus aussi.

MENTOR : Le fait que j'ai presque 10 ans de plus que Georges nous a vraiment aidés, tous les deux. J'ai pu l'aider à éviter les erreurs que j'avais commises et il était porté à me croire sur parole. Je lui expliquais dans les moindres détails toutes les choses stupides et les erreurs que j'avais faites et qui m'avaient ralenti ou même blessé, et je crois que cela m'a aidé à le protéger des mêmes choses.

Comme je n'ai jamais eu de famille, si je ne participais pas à un combat, je ne mangeais pas. Alors, je me suis souvent battu blessé, même si je n'aurais pas dû. Il n'a jamais eu à faire cela et n'aura jamais à se battre blessé pour mériter un bon repas. Il n'aurait pas pu et, de toute façon, je ne l'aurais pas laissé faire. Ensemble, on pouvait vivre au quotidien, tout en gardant un œil sur les objectifs de vie plus importants, plus considérables.

Un jour, alors que Georges progressait bien et attirait l'attention de promoteurs de combat professionnel, Pete Spratt, un combattant de l'UFC, est venu à Montréal. Un de ses objectifs était d'observer Georges, et les gens le savaient. Or Georges s'était blessé au genou en entraînement, mais il voulait se battre malgré tout. Il cherchait à faire bonne impression. Lui et moi étions censés nous battre à ce gala et nous étions tous les deux blessés. Je voulais, de toute façon, monter dans le ring pour faire de l'argent. Il m'a dit : « Tu es blessé et tu te bats quand même, alors pourquoi pas moi ? Pourquoi je ne ferais pas comme toi ? » J'ai essayé d'expliquer que je devais me battre parce que je n'avais pas d'autre choix. La question n'était pas de devenir un guerrier, mais plutôt de faire un choix.

C'était une période difficile. Georges avait emprunté de l'argent à sa mère et il voulait le lui rembourser. Mais je savais que nous pouvions rétablir ces choses. Nous aurions pu trouver l'argent – ce n'était pas là le problème. Tout le monde voulait voir Georges se battre ce jour-là dans l'espoir de faire beaucoup d'argent, de se battre contre des pros, mais nous devions demeurer centrés sur l'avenir.

J'ai finalement annulé mon combat par solidarité avec lui. C'était un jour de rêve pour un jeune qui souhaitait accéder à l'UFC, mais lui non plus ne s'est pas battu. Nous avons décidé d'attendre et je n'oublierai jamais la scène : Georges avait la larme à l'œil. Il avait mal et il sentait que la chance lui échappait.

Toutefois, j'étais certain que Spratt reviendrait. J'ai expliqué à Georges que ces gars qui lui disaient de se battre avaient perdu une bataille importante dans leur propre vie et qu'ils ne l'avaient pas encore accepté. Ils n'avaient aucune idée de la façon dont leurs souhaits travaillaient, en fait à l'encontre de leurs meilleurs intérêts. Ils avaient déjà eu leur chance et l'avaient ratée. C'est pourquoi ils croyaient que Georges ne pouvait pas manquer celle-ci. Ils reportaient leurs regrets sur sa vie à lui.

Donc j'ai dit à Georges : «Tu ne dois pas te battre aujourd'hui. Tu te battras un autre jour.»

Kristof est un excellent athlète qui aurait pu devenir champion du monde. Toutefois, même s'il excelle pour ce qui est de donner des conseils aux autres, il n'accepte pas souvent, selon certains, d'en recevoir. Il vit sa vie à sa façon, et je respecte ça.

MENTOR : J'ai mis Georges à l'épreuve pour des raisons très simples : je lui avais expliqué que l'expérience provient du dojo et de nulle part ailleurs. Je ne voulais pas que notre premier vrai test soit à la télévision, je voulais qu'il soit ici, dans le dojo, jour après jour. Ainsi, lorsqu'il aurait à sortir pour se battre en public, nous saurions tous deux s'il était vraiment prêt ou non. Ce n'était pas toujours facile et il arrivait que nous ne soyons pas d'accord sur tout, mais pas souvent.

C'est très bien pour moi de parler de la peur et de la façon dont elle est difficile pour nous. Toutefois, affronter nos propres peurs a une conséquence, c'est le risque. Le risque est imprévisible. Si c'était le contraire, les spéculateurs et tous les investisseurs seraient milliardaires, et ce n'est tout simplement pas le cas. Ce que signifie le risque, c'est que, lorsqu'on fait face à ses propres peurs, on ne gagne pas toujours sur-le-champ. On peut se battre, ce qui veut dire reculer, ou perdre.

Sans risque, il n'y a pas de vraie récompense. Il n'y a que la chance, et je ne suis pas prêt à lancer les dés pour décider du reste de ma vie. Lorsque je suis allé m'entraîner au Nouveau-Mexique avec Greg Jackson avant mon deuxième combat contre Matt Serra, je sortais entièrement de ma zone de confort et je prenais des risques sur plusieurs plans. Il y avait des risques d'ordre personnel, parce que plusieurs personnes de mon entourage pouvaient mal accepter que je demande de l'aide d'ailleurs. Il y avait aussi des risques d'ordre professionnel, parce que, pour les gens là-bas, je n'étais qu'un autre *fighter* dans leur prestigieux gymnase.

Lorsque j'ai annoncé aux médias que j'étais sur le point de subir une opération majeure au genou et que je serais en convalescence durant huit mois, je prenais un risque énorme. Premièrement, j'ai dit que les ceintures de championnat n'avaient pas d'importance pour moi, ce qui est audacieux, parce que les gens de l'UFC ont structuré l'ensemble de leur promotion autour des ceintures des champions. Deuxièmement, j'avais promis à mes fans que je ne les laisserais pas tomber et que je redeviendrais champion du monde. Je leur ai PROMIS. Ça, c'est un risque énorme.

Le secret, pour moi, à ce point de ma vie, c'est que j'avais gravi la montagne deux fois pour reconquérir mon titre. Je sais et je comprends ce qu'il faut pour atteindre ce niveau. C'est pourquoi je peux prendre un risque de ce genre.

Ce qui se produit dans la vie, c'est que, tandis qu'on s'améliore dans son domaine d'activité, l'importance des défis qu'on a à relever augmente aussi. Il y a deux ou trois ans à peine, il aurait été irréaliste que je prenne un risque de ce genre. Mais aujourd'hui, je sens que je dois prendre soin de moi et de moi seulement.

Le risque se présente sous toutes sortes de formes : faillite, rupture amoureuse, échec. L'autre option – un monde sans aucun risque, sans couleur, sans savoir si votre entreprise aurait pu performer, si votre fiancée vous aurait vraiment aimé, si vous auriez pu terminer cette course, ce projet, ce jardin, ce tableau, ce triathlon… Autrement dit, les *si* sont des compagnons du purgatoire. Je sais que je ne veux pas y mettre le pied.

C'était *ma* décision d'annoncer, au cours de ma convalescence, que j'allais regagner mon titre. Je suis entouré d'une équipe très solide et, avant cette conférence de presse, nous avons parlé des choses à dire, de la façon de les dire, de l'angle à adopter et du fait qu'il fallait rassurer tout le monde. Ça m'a beaucoup aidé, mais quand est venu le moment d'annoncer à mes fans que j'allais récupérer ma ceinture, c'était ma décision parce que je suis la seule personne 1) qui peut vraiment le *ressentir* et 2) qui a le droit de le *dire*.

Le secret, quand on doit surmonter ses peurs et prendre des risques, c'est de demeurer petit. Faites l'exercice et vous découvrirez que vous aurez moins de difficulté à y faire face. Le poker en est un excellent exemple. Beaucoup d'amateurs disent qu'ils sont de bons joueurs, mais, s'ils comprennent quoi que ce soit au risque, ils choisiront avec beaucoup de soin la table où ils prendront place pour une partie et porteront une grande attention aux sommes en jeu.

Ainsi, surmonter la peur et évaluer les risques est un processus qui s'accomplit par étapes.

MENTOR : Durant des mois, j'ai continué à mettre Georges à l'épreuve et à le forcer à se battre dans le dojo avant toute chose. Je lui disais : « Voici ce qui va se passer : tu viendras ici demain à une heure précise et d'autres gens se présenteront en s'attendant à se battre. Celui qui est le mieux préparé va gagner et se démarquer. » Je savais depuis le début que celui qui se démarquerait serait Georges, mais lui, il l'ignorait. Pour ce qui est des autres, malheureusement pour eux, ils n'étaient que des appâts. Aucun d'eux n'avait le potentiel pour devenir un grand champion. Ils n'en avaient pas le potentiel, même s'ils étaient très impressionnants à la télévision lorsqu'ils mettaient leurs adversaires K.-O. Mais un K.-O., c'est trompeur, particulièrement au petit écran. On ne voit pas tout des gens qui se battent, à la télé. Mais moi, je m'étais battu avec tous ces hommes, je les avais entraînés, je pouvais les « sentir » et je les avais fréquentés. Et, dans mon for intérieur, je savais que seulement Georges se démarquait. Je lui faisais la leçon : « Même le gars que tu as vu à la télé, eh bien, ce n'est pas la réalité. C'est de la télévision. Tu dois découvrir la vérité sur ce gars-là et la vérité est que *toi*, tu es plus fort que *lui*. »

Georges n'avait tout simplement pas le choix. Il venait au gym, il voyait Jason St-Louis qui l'attendait et il ne pouvait pas s'en aller. Même s'il l'avait voulu, il n'aurait pas pu s'échapper.

Kristof et son partenaire au gym, Stéphane Potvin, m'ont massacré durant des années. J'ai éprouvé tous les types de douleurs imaginables, et plus encore. J'ai découvert des parties du corps qui pouvaient faire mal et dont j'ignorais l'existence. J'ai compris ce que signifie aller au bout, à la limite. J'ai survécu à des choses vraiment insensées.

J'allais au gymnase et je voyais un gars comme Jason St-Louis sur le tapis, qui m'attendait. J'avais 17 ans ! Eh oui, j'étais mort de peur. Mais je savais aussi que je devais y aller, je devais passer ce test et je comprenais que Kristof ne me laisserait pas me blesser gravement.

C'est sûr qu'à certains moments j'ai cru que Kristof était fou et que j'allais me faire tuer. Mais je savais que ça faisait partie de son plan. Il fallait donc que j'aie confiance en lui et que j'obéisse à mon instinct. Je savais qu'il voulait que j'aie davantage confiance en lui.

MENTOR : Pourtant, il était hors de question que l'on aille à Las Vegas pour un combat en cage sans avoir aucune idée de ce dont il était capable. Nous étions entourés de prétendants et de grands parleurs qui disaient continuellement que leurs propres carrières prendraient leur essor sur la scène internationale. Nous les avons ignorés et avons plutôt choisi le dojo qui est, à notre avis, le lieu décisif, la première scène.

Nous sommes arrivés à un point où nous passions chaque heure ensemble : pas seulement au gym pour les entraînements, mais aussi dans la même pièce, au sous-sol de la maison des parents de Georges. Nous partagions une chambre où se trouvaient deux petits lits. Dès le lever, nous faisions de l'haltérophilie et des exercices de cardio, mais pas toute la gamme des exercices que nous faisons maintenant. Ensuite, nous mangions et parlions de notre entraînement, puis nous allions à mon gymnase, à Montréal, pour pratiquer le jiu-jitsu brésilien, la lutte et d'autres disciplines de combat. De retour chez Georges, nous nous recouchions sur nos petits lits pour nous reposer un moment avant de manger de nouveau. Plus tard dans la journée, nous allions au stade local de Saint-Isidore. En hiver, nous emballions nos pieds dans des sacs de plastique et faisions du jogging dans la neige. Nous faisions le tour de la piste en pataugeant dans 50 centimètres de gadoue. Nous nous en fichions. Nous nous chronométrions pendant que nous courions comme des fous, comme des chevaux, dans l'obscurité. Nous pensions que c'était la chose à faire. Nous rentrions quand nous avions épuisé toute notre énergie et que nous courions à vide. Alors, nous sautions ensemble dans l'eau glacée de la piscine hors terre, persuadés que cela avait un effet bénéfique pour nos muscles (ce qui s'est avéré juste). Certains jours, il fallait casser une mince couche de glace avant de plonger dans l'eau, dont la température pouvait atteindre deux ou trois degrés Celsius au-dessous de zéro, et nous y restions le plus longtemps possible.

Kristof ne m'a jamais abandonné, même dans les moments les plus difficiles : vêtus de pantalons d'entraînement et d'un épais manteau d'hiver, le visage couvert pour le protéger du vent mordant et coiffés d'une tuque, nous courions sur une piste dans l'obscurité, avec de la neige et de la *slush* jusqu'à mi-jambe. Après, je dormais comme un bébé. Tout ça grâce à Kristof, qui est devenu en quelque sorte mon grand frère. Nous étions comme les membres d'une même famille. Il pouvait entrer chez moi à n'importe quelle heure et il était chez lui. Mon frigo était le sien.

MENTOR : Roland, le père de Georges, était persuadé que nous avions complètement perdu la tête. Il me disait :

«Tabarnak, mon fils peut pas faire ça!» Et moi, je lui répondais que son fils était fort, qu'il deviendrait un champion et qu'il n'avait aucune raison de s'inquiéter. J'ai passé des mois à discuter avec Roland. Chaque jour, je lui disais à quel point j'avais la conviction qu'il serait un champion. Ni lui ni personne d'autre ne me croyait. Tout le monde nous trouvait cinglés. Un jour, je lui ai dit que, si je me trompais, je serais tourné en ridicule. Tout ce que nous faisions me semblait efficace et approprié.

La première fois que je lui ai dit que je voulais devenir champion du monde d'arts martiaux mixtes, mon père m'a traité de fou. C'était mon rêve, bien sûr, mais tout commence par un rêve et, dans ma tête, tout me paraissait réaliste. C'était difficile d'en parler, et encore plus difficile pour les autres de comprendre ou de l'imaginer. Par contre, j'ai toujours eu des prémonitions, des sentiments et des visions qui semblaient m'appartenir, et à moi seulement. Comme l'avenir prend parfois place dans ma tête.

Toutefois, ce n'est pas une bonne chose si l'avenir nous apparaît morne. Je pense à ma défaite contre mon héros Matt Hughes, par exemple. Je l'ai vue avant même d'aller combattre. Au moment de notre face-à-face, où je n'ai pas pu le regarder et que j'ai détourné les yeux. J'avais vécu les événements dans ma tête longtemps avant le combat. Je croyais tout au fond de moi que je serais champion un jour, mais j'ai aussi ressenti que ce n'était pas le bon moment.

L'importance des impressions, c'est qu'elles me mettent sur la bonne voie. Par chance, chaque mission commence par un seul pas, qui est suivi d'un autre.

MENTOR: Le truc, c'était qu'il accepte de progresser par petites étapes – un peu chaque fois. Il devait s'en rendre compte. C'est comme cela qu'il s'est prouvé. Il savait que je le mettais à l'épreuve, il savait ce que je faisais, mais n'a jamais refusé de se battre. Il appartient vraiment au monde des arts martiaux mixtes. Il ne m'a jamais dit non en tournant les talons. Par contre, il a émis des doutes à quelques reprises : « Wow ! Kristof, ce gars-là est vraiment fort. Es-tu bien sûr que je devrais me battre contre lui ? » Je lui répondais que s'il ne se battait pas contre lui ce jour-là, ça ne valait pas la peine de faire tout ça. Ce n'était pas la grande occasion, simplement un pas qu'il devait accomplir. Il le fallait : c'était une obligation.

Une des leçons que j'ai apprises pendant toutes mes années de karaté, c'est que le progrès se réalise seulement par petits pas graduels. Personne ne devient champion du jour au lendemain. Personne ne se gave de connaissances s'il veut pouvoir les utiliser à long terme.

Confucius a dit : « Dis-moi quelque chose, et je vais l'oublier. Enseigne-moi comment le faire et je m'en souviendrai. Faites-moi participer et je comprendrai. » J'adore ce précepte et j'ai la chance d'avoir eu, au fil de ma carrière, des professeurs qui trouvaient de nouvelles façons de m'impliquer dans mes apprentissages.

Ça ressemble au concept de *kaizen*, la démarche japonaise d'amélioration lente et continue. Il s'agit de trouver des méthodes de travail plus sensées plutôt que des façons de travailler davantage. Je ne suis pas le moins du monde un expert du *kaizen*. Toutefois, mon grand ami et partenaire d'entraînement en jiu-jitsu brésilien Rodolphe Beaulieu me rappelle sans cesse que j'ai un mode de vie *kaizen*, que j'ai inventé ma carrière en suivant la voie du *kaizen*. Il le décrit ainsi :

« Le *kaizen* ressemble un peu à la mentalité d'une ceinture blanche. On écoute ce que tout le monde dit sur un sujet, n'importe lequel, on se forme sa propre idée à partir de ces opinions, puis on choisit la meilleure solution, le meilleur chemin possible. On n'a pas à penser à tout parce qu'une bonne idée peut provenir de n'importe où. Il y a deux types de boîtes à suggestions : celles qui sont ouvertes et dont on lit les suggestions et celles qui sont ouvertes afin que les propositions soient rejetées sans être lues. »

L'alimentation est probablement le meilleur exemple d'un domaine où l'on constate le moins de philosophie *kaizen*. Nous connaissons tous des gens qui passent de deux à trois mois à pratiquement mourir de faim pour perdre du poids, poids qu'ils regagnent en quasi-totalité après quelques grandes bouffes. Pourtant, il y a de bien meilleures façons d'entreprendre une mission : ne pensez pas à la montagne, pensez aux 1 000 premiers pas. Pensez aux solutions qui sont à votre portée.

C'est une leçon d'une importance capitale parce qu'une grande aventure physique n'est possible que si notre esprit est nourri par une énergie positive. On se sentira bien en atteignant le premier niveau et il sera plus facile – et plus gratifiant – de parvenir au suivant. Le rendement s'améliore. Les résultats sont palpables. L'esprit et le corps se sentent mieux et fonctionnent enfin en harmonie.

Autrement dit, si vous vous fixez des objectifs faciles à atteindre, non seulement vous n'abandonnerez pas, mais vous augmenterez aussi vos chances de progresser.

Un ancien samuraï du nom de Yamamoto Tsunetomo a un point de vue qui s'en rapproche. Dans *Hagakure*, une compilation de ses pensées et de ses enseignements, il dit :

« Les enjeux de grande importance doivent être traités à la légère. Les sujets de faible intérêt doivent être considérés avec sérieux. »

Autrement dit, lorsqu'on porte attention aux détails, le contexte global se place tout seul. Comme je l'entends, les détails se trouvent partout et dans tout ce que les gens disent. Quatre-vingt-dix-neuf opinions représentent une de mieux que 98, mais seulement si l'on écoute tout ce que les gens disent. Au cours des cinq dernières années, par exemple, ma clé de bras s'est améliorée. Je la réussissais déjà bien au début de ma carrière, mais elle est devenue une arme beaucoup plus efficace et dangereuse parce que j'essaie toujours de l'améliorer.

Puisque Rodolphe est un vieil ami, j'ai cherché la signification de *kaizen* et tenté de comprendre pourquoi il le considère comme ma voie.

Qu'est-ce que j'observe ? J'observe une multitude de personnes qui travaillent plus fort que jamais, mais qui n'ont aucune chance d'obtenir les résultats escomptés. Et c'est à cause de leur approche globale.

Prenons l'exemple d'une montagne. Si l'on veut escalader le mont Everest, on ne commence pas par un sprint. On n'atteindra jamais le camp de base de cette façon. Le secret comporte deux aspects : il faut s'assurer que notre approche est *cohérente* et *stable* afin de continuer à progresser pendant que notre aventure se poursuit.

MENTOR : Georges s'améliorait de jour en jour. J'étais pas mal plus lourd et fort que lui. Je le martyrisais, mais il ne se plaignait jamais. Pas une seule fois. Il revenait sans cesse. Je n'essayais pas de lui faire mal en aucune façon, mais je lui mettais de la pression aux moments appropriés afin qu'il

puisse sentir, analyser et comprendre la portée de cette douleur. Un combattant doit comprendre la douleur qu'il inflige
à ses adversaires s'il veut connaître le succès.

Selon moi, le martyre consistait à l'amener au seuil de la
douleur sans rien casser. C'est ce que font les Russes, et les
Japonais aussi. Je l'amenais aussi loin parce que c'est à ce
niveau que nous pouvions découvrir l'intensité de sa rage. Il
aurait pu être fort physiquement, mais faible mentalement,
ce qui veut dire qu'un jour il aurait cassé. Mais comme il est
traditionnel et fier, il n'a jamais osé me dire qu'il était «fatigué» ou qu'il «avait mal».

Même si mon processus semble simple, j'ai souvent eu
des problèmes. Ma défaite contre Matt Serra en est un bon
exemple. C'était la première fois que je défendais mon titre
de champion et je n'étais pas adéquatement préparé. Serra
était défavorisé à 11 contre 1. Tous disaient qu'il n'avait pas
la moindre chance contre moi. Et moi, je les croyais. Je me
croyais invincible. Je pensais que j'allais facilement le dominer. Nous avions passé six semaines à nous côtoyer et à nous
entraîner ensemble dans le cadre de l'émission télévisée *The
Ultimate Fighter*, pourtant, je sous-estimais encore ses aptitudes et sa puissance. En fait, je croyais qu'il ne méritait
pas de se trouver dans l'octogone pour m'enlever mon titre,
que j'avais remporté peu de temps auparavant. Je croyais
ce que les gens disaient : que j'étais le meilleur combattant
de tous les temps dans ma catégorie. Et que s'est-il produit ?

Eh bien, ça a été facile : Matt Serra m'a facilement battu,
et ce, en moins de deux minutes. J'ai essayé d'éviter son
coup, mais j'ai été saisi : il m'a frappé à l'arrière de la tête, un
geste illégal lorsqu'il est fait intentionnellement. Toutefois,
c'est moi qui l'avais provoqué et, plutôt que de rassembler
mes esprits et de me calmer, j'ai perdu mon sang-froid.

La première pensée qui a traversé mon esprit trouble a été : «Je dois le frapper fort tout de suite et montrer ma supériorité à tout le monde.» Toutefois, j'étais ébranlé au point où toutes mes contre-attaques manquaient de précision. Lui, il savait certainement où et comment me frapper, son premier coup à la tête a entraîné un effet domino en sa faveur.

Serra est reconnu pour ses techniques de *grappling*. Il n'a pas la réputation d'être un tueur ni un cogneur redoutable, alors je ne m'y attendais pas venant de lui. J'ai négligé le danger qu'il représentait, debout juste devant moi, c'était la moitié du problème. J'avais oublié ce que j'avais appris de nombreuses années auparavant sur une butte de neige : l'élément de surprise.

La deuxième moitié, c'est que je n'ai pas réagi adéquatement à la surprise. Lorsqu'il m'a frappé la première fois, j'aurais dû reculer d'un pas pour reprendre mon souffle et me protéger. J'aurais dû me replier pour me réorganiser. J'aurais dû concentrer mes efforts en vue de retrouver mes esprits. J'ai plutôt suivi mon élan émotionnel et j'ai foncé. Je voulais le battre par K.-O. J'ai raté et j'ai exposé ma tête. Ce n'est pas recommandé, même dans le meilleur des cas, surtout pour un combattant comme moi qui essaie d'éviter les coups. Alors, il m'a immédiatement atteint avec cinq ou six bons coups de poing, l'un après l'autre – bang, bang, bang, bang, bang – une belle suite, puis je me suis retrouvé sur le tapis. Je me suis retrouvé allongé sur le dos avec Matt Serra par-dessus moi, sur le point de m'arracher mon titre. Quand je suis tombé, je n'avais aucune idée de l'endroit où je me trouvais. Tout ce que je savais, c'est que j'avais de gros problèmes. Je n'ai pas eu d'autre choix que d'abandonner.

Ainsi, ce qui a eu raison de moi, c'est mon orgueil. J'ai encaissé des coups plus graves de meilleurs cogneurs, tel Josh Koscheck, par exemple, qui peut frapper vraiment fort. Je m'attendais à ces coups, parce que ces adversaires étaient connus comme des cogneurs. Dans le cas de mon combat contre Serra, la fierté que j'ai amenée avec moi dans la cage a réagi avant mon esprit, et j'ai perdu. Maintenant, lorsque je me prépare à un combat avec mon équipe, non seulement nous anticipons chaque scénario possible que je joue à répétition dans mon esprit, mais je prends aussi soin de tenir ma fierté à l'écart.

La situation ne s'est pas améliorée dans les moments qui ont immédiatement suivi mon combat contre Serra. J'étais sonné et seul au centre de l'octogone. Je sentais la honte m'envahir tandis que je couvrais ma tête avec une serviette. La honte d'avoir laissé tomber tout le monde, la honte d'avoir échoué, la honte d'avoir déçu mes fans. Je voulais seulement trouver un endroit où je pourrais me cacher, où personne ne me verrait. C'était un sentiment horrible. Puis, Rodolphe est entré dans l'octogone et s'est dirigé vers moi. J'ai levé les yeux vers lui et je lui ai dit : « Rodolphe, c'est le pire jour de ma vie. » Je le croyais vraiment.

MENTOR : J'ai repoussé ses limites et j'étais étonné de constater jusqu'à quel point il pouvait en prendre. Je voyais des larmes perler au coin de ses yeux, mais il ne desserrait pas les dents. Il ne se plaignait jamais. Il continuait à me traiter avec respect. Pour moi, cela signifiait que la peur ne l'empêcherait jamais de pénétrer dans le ring. J'ai su ça avec un simple regard ou un simple mot. Il se tenait la tête haute, peur ou pas. Il m'a montré ce qu'était le vrai courage, ce qui signifiait que j'avais une responsabilité à son égard : celle de l'aider à apprendre et à s'illustrer.

Durant les semaines et les mois qui ont suivi le combat, je ne pensais qu'à prendre ma revanche. C'était un gaspillage d'énergie. Je savais – ou plutôt j'aurais dû savoir – que je n'en aurais pas tout de suite l'occasion. J'aurais à apprendre à me battre contre des aspirants moins redoutables avant d'avoir ma chance. Ça prendrait du temps et de la patience.

Quoi qu'il en soit, je ne parvenais pas à chasser Serra de mes pensées. Il m'a hanté longtemps. Je devais franchir des étapes avant d'arriver à l'endroit où je devais me rendre.

Heureusement, j'en ai parlé. Un de mes amis m'a dit que c'était comme si je transportais une brique partout où j'allais, tous les jours. Et quand on transporte une brique, elle devient de plus en plus lourde au fil du temps. Mon ami m'a proposé de prendre une vraie brique, d'y écrire le nom de Serra et de l'apporter dans tous mes déplacements. De cette façon, je comprendrais le genre de poids que je traînais partout et saurais la quantité d'énergie nécessaire pour continuer à porter ce fardeau sur mon épaule.

C'est ce que j'ai fait. Je transportais ma brique dans mon auto quand je me rendais au gym. Je la transportais dans mon sac. Avant d'aller me coucher, je la plaçais sur le bureau, tout près de ma porte, de façon à l'apercevoir dès que je sortais de ma chambre, le matin.

J'ai trimballé cette foutue brique partout. Je la voyais et je sentais son poids à tout moment. Ça me rendait fou et ça m'embêtait. La solution facile aurait été de la lancer loin, mais ça aurait été une solution à court terme. Je ne pouvais pas m'en débarrasser comme si de rien n'était. Si j'étais honnête avec moi-même, je savais que je devais la conserver quelque temps. J'aurais pu jouer à un jeu et la lancer, mais ça aurait été faux. Les démons étaient toujours là et je ne pouvais pas me le permettre. J'ai appris qu'il fallait que l'on permette au truc de fonctionner, et ça prend du temps.

Puis, il s'est produit un événement magique. Josh Koscheck s'est mis à déblatérer contre moi.

À un certain moment, je me suis rendu compte que, peu à peu, tout naturellement, Koscheck avait commencé à occuper une plus grande place que Serra dans mes pensées. C'était parfait. Inconsciemment, mon esprit mettait lentement Serra derrière moi et j'accordais toute mon attention à Koscheck. Avec logique, je déviais mon énergie de ma défaite très émotive contre Serra.

Un soir, en apercevant ma brique, j'ai compris que le moment était venu. Je ne sais pas comment l'expliquer, sauf que je le savais, je le sentais en moi. Je suis donc monté dans ma voiture et j'ai quitté l'île des Sœurs, où j'avais mon appartement, pour me diriger vers l'île Sainte-Hélène, tout près du centre-ville de Montréal. La lune brillait avec tant d'éclat dans la nuit noire qu'elle découpait parfaitement ma silhouette sur le trottoir. Debout sur le pont, j'observais la lumière qui frappait l'eau agitée par les vagues. J'ai regardé longuement autour de moi pour m'assurer que j'étais seul. J'ai sorti la brique de mon sac, je l'ai tenue devant moi pour lire une dernière fois le nom de Serra qui y était écrit. Puis, je l'ai lancée de toutes mes forces. Elle a décrit une longue courbe avant de frapper l'eau et de couler là où personne ne la trouverait jamais, emportant avec elle le démon de Matt Serra.

L'effet a été immédiat : je me suis senti vraiment bien, totalement libéré.

La défaite a fini par m'inculquer un nouveau type de patience. Elle m'a montré qu'il valait mieux attendre la bonne occasion et accepter le cycle de la vie. Elle m'a donné le temps d'acquérir des connaissances sur moi-même de sorte que je ne perde plus jamais contre Serra.

MENTOR : Les gens, des fans pour la plupart, ne comprennent pas Georges le professionnel, le champion qui gagne toujours. Ils le voient se battre pendant 25 minutes et se plaignent de ce qu'il n'a pas fait grand-chose. Eh bien, ils n'ont aucune idée de ce dont ils parlent. Premièrement, Georges est le champion. Deuxièmement, dans l'octogone, il est un assassin, un tueur, mais il ne peut pas montrer ce côté de sa personnalité en tout temps. Quand il s'entraîne, il peut montrer à quel point son adversaire est lâche, faible et ridicule parce qu'il peut se le permettre. Par contre, au cours d'un vrai combat, il ne peut agir ainsi et les gens ne le comprennent pas. Dans l'octogone, il vient chercher sa paie, c'est son travail, et son travail, c'est d'abord et avant tout de gagner. C'est formidable si l'on peut gagner sa vie et rendre des gens heureux, mais ce n'est pas sa priorité. Ce jour-là, il risque sa vie et s'il perd, tout le monde l'abandonnera. Les gens oublient ça. Si Georges perd demain, les gens diront qu'il est fini. Ils n'ont pas la moindre idée de la signification du mot « spectaculaire ».

Au début de ma carrière, j'avais un style beaucoup plus physique et beaucoup moins technique, ce qui est naturel : j'étais très naïf et je n'avais pas beaucoup de connaissances ni de sagesse. Pendant que je progressais, mes défaites contre Serra et Hughes m'ont forcé à me demander ce que je faisais de mal.

Durant ma carrière, je me suis souvent servi de mes aptitudes athlétiques pour compenser mes manques. Quelques fois, j'ai simplement terrassé des gars. C'est un avantage naturel que je ne négligerais jamais. Je suis un bon athlète, ce qui me permet parfois de gagner, mais si j'avais élaboré toute ma stratégie autour de cette caractéristique, je ne serais jamais devenu un bon champion. Essayer de compenser mon manque de vision aurait été une mesure à court terme.

L'hérédité et les qualités athlétiques peuvent être une bénédiction, mais aussi une malédiction : si l'on est tellement doué sur le plan physique que l'on n'a pas à déployer beaucoup d'efforts pour être le meilleur quand on est enfant, on ne bénéficie pas des dures leçons qu'ont apprises tous les petits frères et les petites sœurs. Si l'on a toujours la vie facile, il est difficile de croire qu'un jour ce sera plus ardu. Les jeunes doivent, à un certain point, être mis à l'épreuve parce que leurs réactions détermineront leur chemin. Alors, l'hérédité est bénéfique pour ceux qui l'associent à des dispositions mentales qui leur permettent de comprendre que la lutte, la défaite et la faim les aident à grandir.

MENTOR : Seul un idiot essaie constamment de terrasser l'adversaire. Mais détruire un adversaire en le frappant à répétition au même endroit durant 25 minutes, c'est du génie. C'est l'œuvre d'un champion. Ce n'est pas tout le monde qui peut faire ça. Les vrais sportifs comprennent la différence.

J'ai souvent été anéanti dans ma vie, mais la première fois que j'ai gagné une bataille, j'avais 10 ans. C'était dans une rue de Saint-Isidore et le garçon me faisait la vie dure. Il voulait se battre, me frapper. Il m'a agrippé les épaules et a essayé de me jeter à terre. Il était tout raide. Je me suis rué sur lui et lui ai donné un coup de pied de toutes mes forces. Je me souviens du « oumf ». Il est tombé sur-le-champ.

C'était la première fois et je n'oublierai jamais cette impression.

Lorsqu'on a un contact direct avec un autre être humain, quand on frappe pleinement son adversaire, l'impact n'est pas l'élément le plus impressionnant de ce geste. Plusieurs se trompent lorsqu'ils pensent que le contact est le moment clé. C'est plutôt le retrait.

Les pieds déterminent la position latérale du corps et les mouvements dans l'octogone. Ils nous positionnent stratégiquement face à l'adversaire. Mais, pour que ça fonctionne, les pieds et le cerveau doivent être connectés. Donc, avec les yeux, on parvient à établir cette liaison.

Les yeux déterminent le meilleur angle pour un coup de poing. J'ai appris ça à la suite d'une défaite contre Matt Serra. Quand je me suis battu contre lui la première fois, je me suis présenté genoux fléchis, trop petit. Son angle de frappe était plus « élevé » que le mien. Tandis que je frappais toujours vers le haut pour l'atteindre à la tête, son coup de poing « descendait » vers la mienne. C'était une mauvaise tactique. Le mouvement du poing et du bras vers le haut fait que le côté de la tête est exposé. Même l'épaule, qui permet parfois de dévier les coups, n'est plus du jeu. Contre Serra, c'est ce qui m'a fait le plus mal : j'ai été frappé à répétition et j'ai perdu. Grâce à cette défaite, toutefois, j'ai réfléchi aux angles de frappe, un élément dont je ne m'étais jamais préoccupé avant.

Le secret, c'est qu'il faut être vis-à-vis des yeux de l'adversaire, comme si l'on voulait se maintenir droit sur une vague de l'océan. De haut en bas, de gauche à droite, il faut rester au niveau du regard de l'adversaire, comme s'il était une proie. Quand on demeure vis-à-vis de ses yeux, on frappe tout droit plutôt que vers le bas. Ça augmente la puissance de l'impact, ça maximise notre portée et ça permet à l'épaule de protéger notre visage.

En fait, c'est une question de géométrie, dont la plupart d'entre nous ont appris les rudiments au début du secondaire. Prenez un triangle rectangle, posez-le sur son côté de façon que l'hypoténuse pointe du sol vers le concurrent. Toute autre forme entraîne un manque d'efficacité.

Au fil des années, pendant qu'un combattant progresse, il s'approprie le droit de jouer avec les règles et de les utiliser à son avantage. Maintenant, si mon adversaire préfère les coups de poing descendants, j'ai tendance à m'accroupir. Lorsqu'il s'agit d'un adversaire connu pour ses coups de pied, je me tiens souvent plus droit. Il faut connaître son adversaire, pas seulement soi-même. Par exemple, Matt Hughes et Josh Koscheck sont bien différents : Hughes peut nous frapper à répétition de haut en bas comme un ballon de basketball, tandis que Koscheck peut mettre son adversaire K.-O. d'un seul coup de poing descendant de la droite. En se retirant après avoir réussi un coup, on sent l'adversaire se vider de toute son énergie, comme si on avait ouvert une plaie. On a l'impression que toute sa force s'échappe de son corps. On éprouve un regain d'énergie et le corps entier se rend compte que l'ennemi a été défait par un seul coup. De son âme et de son énergie, il ne reste plus rien après un seul coup.

Quand je fais le bilan, je me rends compte que les victimes de mes knock-out en combat professionnel s'étaient toutes attaquées à moi en force. Koscheck n'a jamais utilisé cette stratégie contre moi parce qu'il savait que ça ne fonctionnait pas. Beaucoup se sont plaints de ce que je n'avais pas utilisé toute ma puissance contre lui. Eh bien, lui non plus. Il n'a pris aucun risque, alors pourquoi aurais-je dû en prendre ?

MENTOR : Georges est doté d'une intelligence unique. Il est plus que mon élève, il est aussi mon professeur. Il m'a offert tant de connaissances et de sagesse. Un jour, j'ai dû faire un vol de 24 heures pour participer à un combat en Corée. J'étais fatigué, vidé. Je suis monté sur le ring, mais j'avais perdu le désir de me battre. Je voulais partir, aller ailleurs. Le jour du combat, j'étais assis seul dans le vestiaire et j'enfilais mes gants, mais j'étais vide. Lorsque mon tour est arrivé, le combat ne me disait plus rien, mais j'ai entendu les spectateurs qui ovationnaient mon adversaire. Certains m'ont même lancé des canettes et d'autres objets. Quand je les ai entendus qui souhaitaient me voir blessé, j'ai immédiatement pensé à Georges. J'ai pensé à ce que nous avions appris ensemble. Je me suis dit : « Wow, je n'aurai pas à recommencer ni plus tard, ni demain, ni avant longtemps. C'est maintenant ou jamais. Je dormirai tout à l'heure, mais il faut que je l'affronte maintenant. Je dois faire le nécessaire. Et si je me fais démolir dans 15 minutes, ce sera fait. » Contre toute attente, j'ai fait exploser ce gars-là. J'ai mis moins d'une minute pour le détruire complètement. Après, j'ai dormi, j'ai mangé et je suis rentré chez moi.

Un journaliste sportif m'a raconté deux anecdotes sur des athlètes.

La première concerne Maurice « Rocket » Richard, le plus grand joueur de hockey de tous les temps. Le Rocket a compté plus de 500 buts au cours de sa carrière et il a été le premier à marquer 50 buts en autant de parties. Il a réalisé un exploit incomparable.

Mon ami m'a raconté que le Rocket avait l'habitude de passer beaucoup de temps seul sur la patinoire du Forum de Montréal à perfectionner ses lancers. Un jour, les membres d'une équipe de télévision venue le filmer lui ont demandé : « Quel est votre secret pour compter tant de buts ? »

Le Rocket s'est arrêté, il les a regardés dans les yeux et a répondu : « Je lance la rondelle dans le filet. » Puis, il a pris son seau de rondelles et s'est remis à les frapper dans le filet. Elles ont toutes atteint le but. C'était ça, son grand secret.

La deuxième histoire concerne un grand boxeur amateur qui a remporté des médailles d'or pour le Canada aux Jeux du Commonwealth, Mike Strange, de Niagara Falls.

En 1998, mon ami préparait un article sur Strange dans le cadre des Jeux du Commonwealth qui se tenaient à Kuala Lumpur, en Malaisie. Connaissant les aptitudes techniques de Strange, considéré comme un boxeur scientifique, il souhaitait traiter de la précision dans l'art de la boxe. Il lui a donc posé une longue question sur les aspects techniques et scientifiques du sport, parce qu'il voulait que Strange parle du système de pointage et de la technique pour gagner par décision.

Strange l'a regardé et lui a répondu : « Frappe et évite de te faire frapper. C'est comme ça qu'on gagne un combat. »

MENTOR : Georges est toujours prêt. Il est toujours le premier dans le ring et le dernier à le quitter. Il est le dernier à entrer sous la douche, mais le premier à franchir la porte du vestiaire, proprement habillé et prêt à sortir. Il s'accorde toujours du temps pour la vraie vie. Il s'entraîne durant trois heures, puis mange et termine son repas par un énorme gâteau au chocolat, et alors on se dit qu'on va rentrer tôt à la maison et qu'on pourra relaxer, mais il lance : « Il faut se dépêcher pour la prochaine séance d'entraînement avant de commencer à digérer, sinon on est cuits. » On est découragés et on ne peut croire qu'il n'arrête pas. Une autre séance d'entraînement, puis on retourne manger. Il nous emmène dans un bar à huîtres ou un endroit du genre. À ce moment, on croit qu'on est OK parce que personne ne peut manger des huîtres avant de retourner s'entraîner. Mais on finit de manger et il nous emmène à une séance de yoga. On se dit que, du yoga, il n'y a rien là… Mais il nous emmène à une foutue séance de yoga chaud de deux heures. Et pendant qu'on vomit notre repas dans la poubelle, Georges fait ses exercices et ses étirements comme si de rien n'était.

Un autre combattant qui lit cette histoire pensera à ces fois où il a décidé qu'il était trop fatigué ou avait trop mal pour s'entraîner. Il peut se reprendre le lendemain : l'argent est à la banque. Une journée de congé ne fait de mal à personne. Il existe toutes sortes d'excuses, mais pas pour Georges.

La question n'est pas de savoir quel poids on peut soulever au-dessus de la tête. Vous aurez un problème si vos gros muscles (dits premiers moteurs) peuvent déplacer des centaines de kilos, mais que vos petits muscles (dits stabilisateurs) ne peuvent supporter que 45 kilos de pression. Vos points faibles déterminent votre puissance réelle, pas le contraire. Dans le pire des cas, vous ne pourrez déplacer que 45 kilos, ce qui est très défavorable parce qu'on jouit rarement de conditions idéales dans la frénésie d'une compétition de haut niveau. Dès que les stabilisateurs sont dépassés, tout le château de cartes s'écroule. On s'effondre, ce qui entraîne souvent une blessure, une défaite cuisante ou même les deux à la fois.

Si vous pouvez soulever presque une tonne en flexion sur jambes (*squat*) et des centaines de kilos au développé-couché (*bench press*) et que vous ne me croyez pas, allez courir sur une patinoire. Essayez d'atteindre votre vitesse maximale, puis essayez d'arrêter. Vous n'y parviendrez pas, mais votre force extraordinaire est toujours présente. Que fait cette force pour vous ? Rien du tout, car la glace ne vous permet pas d'être fort, de générer de la puissance. L'équilibre, par contre, est synonyme de stabilité qui, dans votre situation, vous donnera une bonne prise. C'est la prise qui compte, la technique – et non la force.

C'est la même situation en arts martiaux. Pour moi, par exemple, le jiu-jitsu brésilien est la science de l'utilisation du poids du corps et de l'effet de levier plutôt que de la force brute. C'est pourquoi l'une des choses que je fais à l'entraînement est de donner des coups de pied et de poing dans de hauts coussins pendant que je me tiens sur une planche d'équilibre. L'objectif de cet exercice est de conserver notre équilibre en générant de la puissance.

La vraie puissance, c'est de générer de la force quelles que soient notre position ou la situation.

MENTOR : Il fait tout ce qu'il veut. Il peut s'amuser toute la nuit s'il le souhaite, mais après, il s'entraîne. Il m'a même joué un tour, une fois.

Nous participions à un camp d'entraînement, à Londres et, un samedi soir, après trois journées de travail intenses, il m'a dit : « Kristof, ce soir on sort s'amuser. On va se laisser aller et avoir du plaisir, et demain, on sautera l'entraînement. On en a fait suffisamment cette semaine, alors, ce soir, on fait la fête et on boira de la vodka. » Je me suis dit que j'allais enfin pouvoir prendre un verre et avoir du fun.

Mais, à cinq heures du matin, tandis que nous rentrions à l'hôtel, il m'a pris par l'épaule et m'a dit : « Hé, Kristof, je t'ai menti. »

Je lui ai demandé : « À quel sujet ? »

Il m'a répondu : « Je l'ai fait pour ton propre bien. Si je t'avais dit hier que nous nous entraînerions dimanche matin et que les caméras de télévision viendraient filmer notre séance et que tu serais le compagnon d'entraînement de Royce Gracie dans le ring, tu ne serais jamais venu faire la fête avec nous.»

Je n'en croyais pas mes oreilles et j'ai perdu la tête! J'ai sacré: «Mon ostie de tabarnak!» J'étais à moitié soûl, fatigué et inquiet, mais Georges a voulu me rassurer. Je suis donc allé à la salle de bain pour me faire vomir, nous avons dormi une heure, puis nous nous sommes levés. Je me sentais vraiment mal. Nous avons simulé un combat, fait notre entraînement et donné un bon spectacle. Ensuite, nous avons mangé et avons fait la sieste. Cette situation m'a appris une chose: s'il s'astreignait à ce seul régime de vie et à cette discipline, il n'aurait pas de vie en lui. Il a besoin de sortir et de vivre ces moments parce qu'ils confirment qu'il est bel et bien humain. Ce gars-là est capable de concilier une formidable vie personnelle avec les exigences de la vie de champion, même soûl à cinq heures du matin. J'ai tenté de suivre son rythme de sortie, mais je n'y parviens pas, pas comme lui, en tout cas. En fait, personne que je connais n'arrive à le suivre.

Et maintenant qu'il est le champion et le meilleur au monde, il est encore pire. C'est comme un patron qui arrive au bureau avant tous ses employés et reste tard le soir pour verrouiller la porte: c'est un obsédé.

Le secret de Georges n'en est pas un: il se lève simplement tous les matins pour aller travailler, comme n'importe quel autre homme d'affaires. Je ne l'ai jamais vu manquer un seul jour d'entraînement. Jamais il ne m'a dit «je suis fatigué», «je suis blessé», «je ne suis pas sûr», «j'ai mal là, prenons congé aujourd'hui». Nous n'avons JAMAIS reporté une séance d'entraînement. Depuis toujours, nous agissons comme si nous n'avions rien d'autre à faire. Il n'a pas dérogé d'un poil à cette règle. Il n'a jamais dévié de sa trajectoire et maintenant, c'est même mieux, parce qu'il est plus vieux, plus précis.

Je ne serais pas arrivé où j'en suis sans Kristof. Il est mon premier *sensei* dans les arts martiaux mixtes. Un vrai ronin. Sa vie extraordinaire a été une inspiration pour moi. Il a dû franchir tellement d'obstacles qu'il n'a jamais eu l'occasion de devenir un champion. Je crois qu'il aurait pu en être un grand, mais il a payé pour ses erreurs et il m'a préparé le terrain.

MENTOR : Pendant qu'un athlète de grand calibre fait une bonne séance d'entraînement au gymnase, Georges a le temps d'en faire trois, de prendre sa douche et de sortir du gym avant lui. Je l'ai observé et voici comment il fait : tandis que les gens s'échauffent en discutant, Georges fait des exercices avec deux autres types durant 15 ou 20 minutes. Puis, il participe à l'entraînement de groupe et quand tout le monde va se doucher, il fait une autre séance d'entraînement privée d'une vingtaine de minutes. Ensuite, mine de rien, il prend son sac, va à la douche et est prêt à sortir avant tout le monde. Les autres qui ne l'observent pas attentivement comme moi depuis des années ne remarquent rien. Il fait tout ce qu'on lui propose, et plus encore. Il se pousse plus qu'on ne peut le faire nous-mêmes mentalement. Pensez-y…

Là d'où je viens, Kristof était une vraie légende. Les arts martiaux mixtes n'étaient pas très populaires à l'époque et il existait peu d'athlètes étrangers comme lui qui avaient des connaissances, de l'expérience et de la sagesse. Je savais que je voulais m'entraîner avec les meilleurs et il était le seul à son niveau. Alors, quand je l'ai aperçu sur le boulevard Saint-Laurent, c'était ma chance et il fallait que j'aille le voir. En toute honnêteté, je me suis toujours demandé pourquoi il avait accepté de me prendre avec lui. Je crois que c'est parce qu'il est un homme naturellement bon et généreux.

LIVRE 3

MAÎTRE

Le livre de la transition

AVEC

JOHN DANAHER,
PROFESSEUR DE JIU-JITSU BRÉSILIEN

Après avoir appris que je devais subir une chirurgie, j'ai senti la peur envahir mon cœur, mon cerveau, mon corps tout entier

J e la sentais dans mes tripes, un sentiment horrible, dégueulasse, qui se répandait en moi, m'écrasait la poitrine et me serrait la gorge. J'ignore comment j'ai fait pour rester debout. Je ne me souviens plus si je me suis appuyé au mur ou assis sur une chaise, si je me suis dirigé vers une porte pour reprendre mon souffle. J'étais sous le choc…

J'ai passé en revue une liste de pensées noires. Je me suis demandé si j'allais participer à d'autres combats. Si j'aurais l'occasion de défendre mon titre. Si je sentirais encore l'euphorie me gagner en entendant les cris de milliers de fans. Si je me battrais de nouveau comme je sais que je peux le faire, comme je l'ai toujours fait, de la seule façon dont je sais le faire. Je me voyais ralentir, me faire frapper. J'ai senti diminuer mes facultés de puissance, de rythme et de rapidité. Je n'exploserais plus jamais contre un adversaire. Plus de « Superman punches ». Plus de projections. Plus de soumissions. Finis le *grappling*, la lutte, la boxe et le karaté. Plus de combats, plus de victoires. Plus de champion. Plus de moi.

Ce sont ces réflexions qui me venaient à l'esprit en ce moment terrifiant.

On peut maîtriser la peur dès qu'on s'habitue à elle. On peut la dompter, et je le savais. Ça peut prendre du temps et on peut avoir à vivre des périodes très mauvaises, mais, à un certain point, la peur va se lasser ou devenir trop confiante, et on pourra la vaincre.

Mais ce moment n'était pas arrivé.

MAÎTRE : Une bonne façon de saisir ma première rencontre avec Georges St-Pierre, c'est de comprendre sa nature simple. Je donnais un cours de débutant au Renzo Gracie's Gym, à New York. Dès que Georges est entré, j'ai remarqué ses lacunes en anglais. Il n'était que ceinture bleue, à l'époque, et relativement inexpérimenté. Il s'est joint aux autres maladroitement, mais avec enthousiasme. Il avait ce que je désignerais comme un potentiel athlétique au-dessus de la moyenne, mais non spectaculaire. J'avais déjà accueilli de nombreux athlètes ayant beaucoup plus de potentiel que lui.

J'avais 17 ans et je venais d'arriver à New York. Je n'avais pas d'argent et j'étais intimidé. Je me rendais dans un quartier envahi par le crack, avant que la ville soit « nettoyée ». Ce n'était pas à proprement parler un ghetto, mais je n'avais jamais vu un endroit de ce genre. Je suis entré dans le gymnase en quête de connaissances. On m'a permis d'essayer.

MAÎTRE : À la fin de l'échauffement, nous avons commencé l'entraînement. Les élèves se faisaient face. À cette époque, Georges se comparait honnêtement aux débutants, mais ses aptitudes globales n'avaient rien d'exceptionnel. Il a été dépassé quand il a rejoint les athlètes plus avancés. Il n'était pas intimidé et semblait plutôt ravi. Quand ils font face à la défaite, la plupart des gens perdent leur enthousiasme. Mais Georges, lui, quand il connaît la défaite, il devient de plus en plus enthousiaste.

Je ne parlais pas un mot d'anglais et tous les gars du gymnase voulaient m'affronter, moi, le petit nouveau. C'est comme ça dans un gymnase, un vrai gymnase de combat. Quand un nouveau se présente, tout le monde veut « l'essayer ». Je me suis souvent fait tabasser. L'entraînement auquel on participait s'appelait *randori*. Il s'agit en fait d'un entraînement en style libre un contre un. L'objectif est de résister et de réagir aux techniques de l'adversaire. Ce mot japonais signifie littéralement « saisir le chaos » ou « pour apprendre à être libre ». Les autres se disputaient presque pour m'affronter. J'ai reçu ma part de corrections. Disons que j'ai « mangé » beaucoup de *randori*. J'étais vraiment découragé, au début, mais j'étais allé là pour apprendre le jiu-jitsu brésilien, pour apprendre l'art du combat au sol auprès d'experts. Ces gars-là sont vraiment les meilleurs au monde.

MAÎTRE : Nous sommes nombreux à nous imaginer que la rencontre de gens importants à des moments clés de leur vie correspond à un grand événement. Mais cette rencontre était remarquable parce qu'elle n'était pas digne de mention du tout. À l'occasion d'un cours de débutant quelconque, une journée quelconque d'un mois quelconque. Si quelqu'un était entré dans la classe et avait vu les élèves s'entraîner, rien n'aurait pu lui laisser croire qu'il assistait aux balbutiements de la carrière de l'un des plus grands athlètes d'arts martiaux mixtes de tous les temps. Rien de ce qu'il a fait ce premier jour, absolument rien, n'était mémorable.

J'ai découvert beaucoup de choses sur moi ce premier jour, entre autres, et surtout, que je pouvais me faire bousculer assez violemment. Je n'étais assurément pas le Roi de ce gym, mais c'était pourquoi c'était si bon.

En fait, je ne veux jamais commencer en étant le Roi. Ça ne marche pas comme ça. On ne peut pas être bon dès le début. On doit franchir les étapes d'apprentissage, les épreuves, et en tirer une leçon. On doit grandir. Ces gars-là pratiquaient ce sport depuis longtemps et le jour où je me suis joint à eux, je *ne voulais pas* les battre. Je voulais simplement travailler fort et apprendre pour m'améliorer.

Au dojo de John, j'ai rencontré Sean Williams. Après quelques séances, il est venu me voir et m'a dit que j'étais un matériau brut, très athlétique, et qu'il pensait pouvoir arriver à quelque chose avec moi. J'ai donc décidé de lui faire confiance. Il m'a dit que le seul élément qui me manquait, c'était la technique. Ça a été difficile à entendre, parce que j'étais habitué à m'« occuper » de gars beaucoup plus gros que moi, à Montréal. J'ai vraiment eu l'ego égratigné et mon orgueil en a pris un coup.

Ce n'était pas que des paroles. À l'époque, malgré le fait qu'il était plus petit que moi, lorsque nous nous battions, Sean parvenait facilement à me soumettre de six à sept fois en cinq minutes. Plus qu'une fois aux 60 secondes, ce qui est vraiment ridicule et pathétique. Et pour ajouter à cette humiliation, ma copine de l'époque – qui était venue me rejoindre à New York à quelques reprises et nous observait à l'entraînement – m'a avoué qu'elle trouvait que Sean était un très bel homme. Disons qu'à partir de ce jour je ne l'ai plus emmenée…

Sean était le seul à ne pas me viser, contrairement à ses élèves. Même s'il m'amenait souvent au sol et avec une grande facilité, il me disait de ne pas me décourager parce qu'il voyait dans mon regard que je perdais espoir. Quand j'ai été sur le point de tout abandonner, il m'a récupéré juste à temps. Nous sommes toujours amis et nous nous entraînons ensemble lorsque je vais à Los Angeles. Je le surnomme affectueusement « mon pire cauchemar ». Il n'arrive toujours pas à croire que j'ai failli tout lâcher à l'époque et il me le rappelle sans cesse !

L'humilité est la première règle à respecter en arts martiaux. Soit on apprend rapidement à être humble, soit on s'en va parce que l'ego ne peut se résoudre aux défaites répétées. Je n'aime pas perdre – comme tout le monde –, particulièrement devant ma copine ou mes amis (ou des millions de téléspectateurs). Mais c'est une bonne chose de réaliser que l'on n'est pas toujours aussi fort qu'on le croyait. C'est bénéfique, au bout du compte.

MAÎTRE : Tout le monde commence au bas de l'échelle, même un gars aussi talentueux que Georges. Aucune des personnes présentes ce jour-là n'aurait pu deviner qu'elle avait sous les yeux une future superstar. Notre première rencontre démontre jusqu'à quel point un humain peut progresser grâce à un mariage de volonté et de temps. Georges St-Pierre possède une volonté d'acier.

John Danaher mange un seul repas par jour. Il s'entraîne sept jours sur sept à raison d'une séance de huit heures par jour. Je ne sais pas pourquoi, c'est comme ça. Il est la personne la plus intelligente que je connaisse. Un vrai intellectuel, un homme original et intéressant, et un être vraiment spécial.

MAÎTRE : Il venait de Montréal en autobus (le trajet dure parfois de 9 à 10 heures) pour apprendre le jiu-jitsu brésilien. Il logeait dans des endroits mal famés et vraiment inconfortables situés un peu partout dans les ghettos new-yorkais. Il partageait sa chambre avec des drogués dans un pays dont il ne connaissait pratiquement pas la langue. Avec son salaire d'éboueur et au prix de sacrifices considérables, il cherchait à s'améliorer. Cela révèle immédiatement la grande force de sa volonté et de sa vision. Je ne connaissais pas ces détails de lui la première fois que je l'ai vu, mais je les ai appris assez vite, dans les semaines et les mois qui ont suivi.

La première fois que je suis allé à New York, j'y suis resté deux jours. C'est ainsi que j'organisais mes visites. J'y allais en autobus, ou en auto, dès que j'avais trois jours de congé consécutifs. Habituellement, je descendais dans une horrible auberge de jeunesse que je n'oublierai jamais, parce qu'à un moment je partageais une chambre avec six jeunes Hollandais qui fumaient du « pot » sans arrêt. Ça me rendait fou et mon *gi* sentait le pot. Alors, un bon matin, je me suis fâché et je les ai expulsés de la chambre. Imaginez-vous : j'allais m'entraîner et je dégageais une odeur de plant de marijuana. Tous les gars du gym riaient de moi. C'était ridicule.

J'allais à New York pour une raison. Tout au long de ma vie, j'avais tenté de poursuivre ma route du savoir. J'ai eu la chance de comprendre très tôt qu'il y avait toujours des entraîneurs un peu partout dans le monde qui pourraient m'apprendre des choses. M'entraîner avec John Danaher et la famille Gracie était d'une importance capitale. Renzo Gracie est une légende de notre sport et l'héritage laissé par sa famille est sans égal.

À mes débuts, je consacrais chaque dollar que je gagnais à mon entraînement. Je savais que ça me serait profitable un jour, je le sentais. Je dépensais pour l'essence, les chambres d'hôtel, la nourriture et les cours. Je crois que je m'étais fixé un budget de 20 $ par jour, ce qui n'est vraiment rien quand on pense à ce que le jiu-jitsu brésilien m'a donné en retour. Ce n'était rien, même à cette époque où je calculais ma vie par tranches de 5 $.

J'en ai fait un jeu. Quelqu'un m'avait expliqué qu'on pouvait économiser de l'essence en suivant les camions sur l'autoroute, alors je les suivais de près de Montréal à New York pour économiser quelques dollars. Je me suis aussi mis à faire mes voyages à New York en même temps que ceux de Rodolphe, qui s'y rendait pour assister à des réunions de travail. Il prenait l'avion et moi, l'auto. Je couchais sur le plancher de sa chambre d'hôtel et je m'entraînais pendant qu'il allait à ses réunions. Je m'étais fixé l'objectif d'y aller le plus souvent possible et de saturer mon cerveau d'un maximum de connaissances sur le jiu-jitsu brésilien.

MAÎTRE : Quand on demande aux gens d'expliquer ce qui distingue Georges des autres athlètes, la plupart évoquent ses talents athlétiques. Ils disent qu'il est une curiosité de la nature, tout en muscles, et que ce sont ses qualités physiques qui font de lui le meilleur athlète. Quant à moi, honnêtement, je dirais : Georges est au-dessus de la moyenne sur le plan athlétique, mais il n'a rien d'exceptionnel. Si Georges était un joueur de football dans la NFL, il serait un joueur parmi tant d'autres. En fait, il serait même sous la moyenne. Il a de bonnes habiletés pour sauter et une bonne impulsion, mais rien d'extraordinaire. J'ai vu beaucoup de sportifs qui avaient un meilleur saut vertical que lui. Son endurance est moyenne, sa flexibilité est adéquate, sans plus, son sens de l'équilibre est correct. Dans l'ensemble, il est un bon athlète, mais pas un athlète exceptionnel. Non, ce ne sont pas ses qualités athlétiques qui le caractérisent.

J'ai la chance d'avoir une mémoire axée sur la profession que j'ai choisie. Je me rappelle le moindre détail de chaque combat, que je peux repasser en entier dans ma tête. Mon esprit a toujours fonctionné ainsi. Et puis, mon corps fait des choses inexplicables, mais qui sont une seconde nature pour moi.

On doit habituer le cerveau à la coordination. C'est de cette façon qu'il apprend à exécuter un mouvement. Le cerveau doit assimiler le mouvement avant de pouvoir penser à l'utiliser correctement. Le Superman punch ? Il débute par une simulation de coup de pied, un saut, et est suivi par un coup de poing.

C'est Phil Nurse qui m'a appris à bien exécuter le Superman punch. Je l'avais dans mon arsenal de coups depuis longtemps, mais je ne l'avais jamais réussi tout à fait. Entre les combats contre Penn et Hughes, je me suis entraîné au gymnase de Phil, à New York – le *Wat*, mot thaï qui signifie « temple ». Phil a immédiatement constaté que ma technique n'avait rien de « super ». Il m'a donc enseigné le coup, étape par étape, et nous avons rapidement découvert qu'il deviendrait une arme importante dans mon répertoire.

Ce coup est un bon exemple de mes techniques pour tromper l'adversaire, pour le tenir sur le qui-vive. C'est un excellent outil parce qu'il ne fait pas partie des « codes » de la plupart des combattants (j'y reviendrai). Ceux-ci ne sont pas habitués à le voir en entraînement, ce qui affecte le temps de réaction de leur cerveau. Ils ne le reconnaissent pas facilement. C'est le type de manœuvre qui commence avec une partie du corps et finit par une autre. Tactiquement, il existe au moins 6 manières d'amorcer le mouvement et 10 façons différentes de le conclure. On peut commencer avec une feinte de projection et terminer avec un coup de poing. Où et comment le mouvement commence importe peu, parce qu'il peut se terminer de différentes façons.

Les gens croient que les qualités athlétiques ne sont que physiques, mais ce n'est pas le cas. Elles sont reliées au cerveau et à la façon dont il peut apprendre (ou pas) à exécuter et à voir un mouvement, surtout à vitesse élevée. Être athlétique ne se limite pas à sauter, à courir et à être fort. C'est le système nerveux qui guide le corps ; les muscles ne prennent aucune décision. Le cerveau, lui, prend des décisions et fait en sorte qu'il se passe des choses.

MAÎTRE : Georges est l'athlète qui travaille le plus que j'aie jamais connu. Mais il n'est pas le seul à avoir une bonne éthique de travail. Presque un gars sur deux a une bonne éthique de travail et presque tous travaillent fort. Jon Fitch est connu et, en matière d'heures d'entraînement, il surpasse Georges. Pourtant, nous savons tous ce qui s'est produit lorsqu'ils se sont rencontrés. Ce n'est pas seulement son éthique de travail qui fait de Georges une personne extraordinaire, c'est l'acuité de sa vision qui donne une orientation à son travail, qui fait de lui un grand athlète.

Ce combat contre Fitch reste mon combat préféré. Il m'attaquait sans arrêt. Il revenait sans cesse. Peu importe ce que je faisais, peu importe ce qui se passait, peu importe où et avec quelle force je le frappais, il revenait. Il est l'adversaire le plus acharné que j'aie jamais affronté.

J'ai prévu sa réaction. En voyant son visage, j'ai deviné ce qu'il pensait. J'étais plus rapide et plus fort, ce jour-là, j'avais toujours une étape d'avance sur lui, mais il refusait de l'accepter. Il refusait d'accepter ma domination. Il refusait en avançant obstinément vers moi, un pas à la fois. À un moment, je l'ai frappé de ma droite et sa mâchoire s'est déplacée latéralement. Des gouttes de sueur ont jailli de sa tête et il a reculé en titubant, complètement sonné. Je l'observais.

Quand on brise la détermination de certains adversaires, ils perdent le désir. Ils ne veulent plus essayer. Ils ne le peuvent plus. Le combat leur a échappé. Ils sont défaits et attendent le coup fatal.

Mais pas Jon Fitch. Il ne cassait jamais.

Je l'ai frappé à répétition avec force et les coups ont secoué tout son corps. Il était ébranlé, mais je ne pouvais pas baisser la garde. Je savais qu'il était capable de tout. Alors, même quand je l'ai frappé – bien, fort et directement – et qu'il a reculé en titubant, je n'ai pas bondi, je n'ai pas sauté.

J'ai évalué la situation et les étapes appropriées que je devais suivre et je n'ai pas dérogé à mon plan. Parce que c'est le sens de mon combat. Dans certains combats, on se sent comme dans une bulle. Le monde s'évapore et ralentit, et chaque geste, chaque mouvement est exécuté correctement. Il semble parfaitement exécuté, même si la perfection est impossible à atteindre. C'était l'un de ces combats.

Fitch revenait. Et j'ai riposté comme je le voulais à chacune de ses attaques.

MAÎTRE : Si je vous demandais de vous lancer dans un mur de brique, ce serait un exercice difficile, mais pas intelligent. Cet exercice n'améliorerait pas vos compétences. Travailler fort ne donne pas nécessairement des résultats et travailler fort stupidement donne des résultats négatifs. Comme l'a dit un jour le grand Benjamin Franklin : « Ne confondez jamais mouvement et action. »

Bruce Lee est l'un des plus grands athlètes d'arts martiaux de tous les temps. Il a été le premier à essayer autant de choses. Il a élargi le sens du mot « arts » dans « arts martiaux ».

Entre autres, il a été le premier à entraîner ses muscles pour accroître non pas leur puissance, mais bien leur fonctionnalité. Il a compris très tôt que la véritable puissance physique complète d'autres aptitudes beaucoup plus importantes, comme la stratégie et la technique. Il croyait que la bonne condition physique intégrale était le fruit du mariage parfait de nombreux éléments : la flexibilité, la force et un système respiratoire fort. Il a découvert que la véritable force se trouvait dans le tissu conjonctif qui retient les muscles sur l'ossature humaine, plutôt que dans la taille des muscles ou la masse musculaire. En fait, Bruce Lee croyait que de gros muscles pouvaient en réalité nuire à ceux qui pratiquent les arts martiaux parce qu'ils contraignent le mouvement et la fluidité. Il s'est rendu compte que les muscles volumineux ralentissent les athlètes et diminuent leur mobilité. Selon lui, tout devait être fluide.

La fluidité a fait de Bruce Lee l'athlète qu'il était et a eu un effet considérable sur mon développement. Elle révèle le côté humain et philosophique de l'athlète suprême des arts martiaux. Voici ce qu'il a dit sur la fluidité :

> « Fais le vide dans ton esprit, sois sans forme, sans consistance, comme l'eau. Si tu verses de l'eau dans une coupe, elle devient cette coupe. Si tu verses de l'eau dans une bouteille, elle devient cette bouteille. Si tu verses de l'eau dans une tasse à thé, elle devient tasse à thé. Cette eau peut couler ou s'écraser. Sois comme l'eau, mon ami. »

J'ai appris qu'une chose est parfaite uniquement dans la mesure où elle est parfaite pour soi. Pour ma part, je peux atteindre la perfection en étant fluide, ouvert aux idées et à de meilleures façons de faire. Pensez à Bruce Lee et à son analogie de l'eau : parfois, on voit à travers l'eau, parfois elle se brouille et on ne distingue rien. L'eau réussit à percer certaines des surfaces les plus dures ou à en contourner d'autres. Elle peut éroder le roc ou transporter de petits cailloux.

Autrement dit, l'eau change constamment de forme et de consistance. Elle est essentielle à la vie et choisit sa propre forme. La vie est comme ça : pour la gérer, on doit la maîtriser et découvrir la source de sa puissance et la nature de son parcours.

J'aime croire que je peux être comme l'eau qui s'adapte à son environnement et finit par trouver une façon d'y pénétrer. C'est de cette façon que je m'entraîne et que j'ai vu d'autres grands combattants évoluer.

MAÎTRE : Tous les athlètes qui pratiquent les arts martiaux mixtes diront que la force et le conditionnement sont la pierre angulaire de l'entraînement. Georges choque les gens quand il leur dit que la force et le conditionnement sont probablement, et de loin, les éléments les moins importants de son travail. Si l'on considère l'évolution de son entraînement de force et de conditionnement, ce n'est pas du tout comme ce que font tant de jeunes hommes de sa génération, dont l'entraînement, en règle générale, est axé sur le culturisme. Quand il était plus jeune, c'est exactement ce qu'il faisait : soulever des poids, faire des développés-couchés. Au fil des ans, il a exploré des approches de plus en plus perfectionnées. Il a eu un nombre impressionnant d'entraînements différents et d'approches variées. Chacun était une amélioration par rapport au précédent.

Je ne comprenais pas ça avant de modifier ma façon de penser, avant de m'intéresser aux questions d'ordre tactique et technique. Je misais uniquement sur mon talent et mes capacités physiques. Lorsque j'ai perdu, j'ai compris que la situation devait changer. Je me suis rendu compte que je n'avais pas d'autre choix que de me poser de vraies questions. Et la meilleure question dans l'histoire du monde est aussi la plus simple : pourquoi et comment cela s'est-il produit ?

> **MAÎTRE :** La gymnastique a permis à Georges d'améliorer sa condition physique.
> Même travailler fort ne parvenait pas à le satisfaire. Pratiquer le culturisme est ardu – on s'épuise à soulever des poids –, mais ce n'est pas travailler intelligemment. Cet exercice ne fait pas un meilleur athlète, même pour celui qui pratique les arts martiaux mixtes. C'est pourquoi Georges ne s'est pas contenté de travailler *fort*. En 10 ans, il a constamment raffiné et rejeté, continué, rejeté et continué, jusqu'à ce qu'il trouve ce qu'il considère le summum de la condition athlétique, la gymnastique. Ce n'est qu'un exemple qui montre que Georges travaille fort en ayant une vision.

Après avoir fait un saut périlleux arrière ou une culbute, un athlète « normal » voit des étoiles pendant une fraction de seconde. Essayez : faites deux ou trois roues de suite et vous serez étourdi, comme lorsqu'on se lève trop rapidement après être resté allongé trop longtemps sur le canapé.

Même s'il fait des mouvements beaucoup plus complexes sur le tapis ou aux anneaux, le gymnaste ne voit pas d'étoiles. Il continue à tourner, à sauter ou à s'entortiller. Il est tellement habitué au mouvement qu'il n'est pratiquement jamais étourdi. Sa stabilité est constante durant tout son programme.

C'est important si, comme un gymnaste, on doit faire 10 culbutes consécutives. En arts martiaux mixtes, il existe aussi des mouvements et des déplacements de toutes sortes. C'est d'une grande importance si on doit affronter Josh Koscheck, car on ne veut pas perdre ne serait-ce qu'un centième de seconde dans l'octogone. Une très courte défaillance peut faire la différence entre éviter une droite et en recevoir une. La différence, c'est gagner ou perdre : c'est aussi simple que ça.

MAÎTRE : Trop de gens du milieu des arts martiaux mixtes parlent de travailler durement en négligeant le fait qu'il faut aussi travailler intelligemment. C'est l'étendue des connaissances qui compte. Ce qui fait qu'un entraînement est réfléchi, c'est ce qui le rend utile. Georges cherche inlassablement à utiliser plus efficacement tous les efforts qu'il déploie. Il cherche toujours des façons d'améliorer ses séances, des façons d'appliquer les règles pour augmenter le niveau de difficulté. C'est cette lucidité, cette vision qui le rend unique, pas seulement ses capacités athlétiques et son éthique de travail.

J'aime observer les meilleurs athlètes des autres sports et la façon dont ils réagissent ou bougent dans certaines situations. Ça m'aide à mieux comprendre mes propres mouvements. Je décompose leurs processus, leurs réactions, leurs mouvements. Ils sont beaucoup plus rapides que moi dans l'exécution de certains mouvements. C'est bien de les voir s'entraîner à ces vitesses et, à suivre leurs progrès, j'améliore mes capacités.

J'ai regardé à l'œuvre de nombreux champions. Amir Khan, le grand boxeur britannique, est mon préféré et son *sparring* se situe à un tout autre niveau. Il est tellement fluide qu'il ne se tient jamais devant son adversaire. Il choisit toujours l'angle idéal pour attaquer ou contrer son adversaire. Il est rarement frappé solidement et sa riposte est toujours précise et efficace.

Chez moi, j'observe aussi l'ancien champion du monde de lutte Guivi « Gia » Sissaouri, un athlète incroyable. Il est si fluide et ses combinaisons de mouvements sont tellement bien construites et séquentielles qu'on croirait voir une chorégraphie. Il assemble tout harmonieusement. Lorsqu'il tente un mouvement, il est déjà en mode riposte. Il est toujours prêt à s'adapter et à générer de la puissance dans toutes les positions. Son énergie incroyable lui permet de demeurer un pas devant son adversaire. Le mouvement est tellement ancré dans son corps et son esprit qu'il relève du subconscient. Le mouvement est naturel chez lui, un élément de son mode de vie.

J'aime aussi observer Freddie Roach. Outre le fait qu'il est, selon moi, le meilleur entraîneur de boxe au monde, j'aime sa façon de faire les choses. Je sens que je m'améliore simplement en étant à ses côtés et en l'écoutant quand il conseille ses athlètes.

Je suis souvent allé au gymnase de Freddie pour regarder d'autres s'entraîner. On se sent spécial dès qu'on y met les pieds. On sait en y pénétrant que ce lieu est consacré à une seule chose : la boxe au plus haut niveau. C'est un endroit sans caméras, sans flafla, sans prétention. C'est comme ça qu'un club de boxe doit être géré.

Quand je suis dans son gymnase, c'est l'un des rares moments où je peux vraiment m'asseoir tranquille et laisser mon esprit vagabonder. Généralement, j'ai de la difficulté à demeurer assis immobile. Je n'en ai jamais été capable. J'aime faire deux, trois ou quatre choses à la fois. Ça rend tous les gens de mon entourage. Rodolphe me demande toujours de déposer mon téléphone ou simplement de m'asseoir. Mais je ne peux pas, je dois bouger. C'est plus fort que moi. Je suis accro au mouvement et à l'occupation du temps et de l'espace. Les seules fois que je comprends l'état d'esprit de ceux qui n'ont pas cette prédisposition, c'est lorsque je suis près de Freddie, parce qu'il me calme, je ne sais trop comment ni pourquoi.

Au début de 2012, tandis que je me remettais de mon opération au genou à Los Angeles, j'allais à son gymnase, le Wild Card, aussi souvent que possible. Les premiers temps, je ne savais pas trop ce que je faisais là, mais Freddie m'a dit : « Viens et on verra bien. » Il avait probablement une idée en tête, parce qu'il a toujours un plan. C'est ce genre-là d'homme : sa vision et sa façon de voir les choses sont tout à fait uniques. J'ai finalement décidé de suivre son conseil et de lui rendre visite au club.

« Assieds-toi et regarde ce qu'ils font, me disait Freddie en parlant de ses boxeurs. Observe leurs pieds. Observe leurs mains, leurs hanches, leurs têtes et les mouvements qu'ils créent. Apprends d'eux. »

J'ai donc essayé et j'ai découvert une chose merveilleuse dès le premier jour : que je pouvais apprendre aussi en observant, pas seulement en agissant.

J'ai consacré toute ma vie à me constituer une base de connaissances en exécutant et en répétant des mouvements. À développer une technique en mettant la main à la pâte. À sentir l'évolution du mouvement de mes propres mains et à transmettre cette information à mon cerveau afin qu'il l'enregistre. Toutefois, au gymnase de Freddie, j'ai compris qu'il y a d'autres façons, des façons *différentes* d'apprendre. J'ai eu la preuve que la gaine de myéline, dont Rodolphe parle sans arrêt, fonctionne quand je vois des mouvements, et pas seulement quand je les exécute.

En fait, je crois que regarder les autres s'entraîner m'aide à mieux comprendre la technique et à exécuter adéquatement des mouvements. J'ai souvent eu l'impression que j'espionnais deux boxeurs qui ignoraient ma présence et que je découvrais leurs secrets. Il s'agissait parfois d'un athlète local qui s'améliorait peu à peu, parfois de champions comme Amir Khan.

Simplement rester à regarder attentivement ces boxeurs bouger avec fluidité m'a aidé à améliorer ma propre technique. Je les observais en combat, puis je me fermais les yeux et je m'imaginais mieux bouger, frapper d'un geste plus fluide ou absorber les coups avec plus de naturel. Ça m'améliorait, même si mon genou blessé m'empêchait de m'entraîner.

Cette technique, qui s'appelle la visualisation, est très détaillée et particulière.

La visualisation consiste à imaginer comment un élément est relié à nos sens – le toucher, l'odorat, le goût et l'ouïe. On ne décide pas de s'y mettre en s'assoyant quelques minutes : comme toute bonne chose, la visualisation exige de la pratique et un esprit ouvert. Mais lorsqu'on l'exerce adéquatement, l'imagination donne l'impression que c'est réel au point où elle peut tromper l'esprit et faire croire que c'est une réalité. C'est une très bonne chose.

La visualisation fonctionne de façon plutôt simple : on imagine que de bonnes choses nous arrivent et elles finissent par arriver dans notre vie après un certain temps. Pour un athlète, ce sera plus particulièrement un exploit athlétique, mais ça s'applique, à mon avis, à toutes les facettes de la vie. Utiliser votre imagination pour créer des images mentales vous aidera à organiser votre vie et à garder le cap sur vos objectifs. Ça permet à votre inconscient de travailler pour concrétiser l'image que vous avez créée, pour vous amener à atteindre votre objectif.

Quiconque visualise un objectif réaliste et plus immédiat lorsqu'il planifie en vue d'une réussite à long terme a beaucoup plus de chances de changer et d'atteindre ses objectifs. Lorsqu'on réalise de petites réussites, lorsqu'on atteint des paliers qui deviennent notre nouvelle plateforme, nous sommes contents de nous-mêmes. On éprouve un regain d'énergie parce que les choses semblent bien marcher. Cette situation nous incite finalement à avoir une vision plus large, des buts plus poussés, de plus grandes ambitions. Il n'y a rien de plus satisfaisant et qui donne plus de pouvoir que d'atteindre un but. Ça m'accroche un sourire au visage.

Mais ce n'est pas facile pour autant. La façon dont je m'adapte et je change lorsque je suis confronté à un imprévu a son importance parce que la vie est imprévisible. Il peut être rafraîchissant de considérer des situations difficiles comme des occasions à exploiter.

Je le répète : peu importe ce qui survient sur notre chemin, on peut surmonter les problèmes et même en tirer des avantages inattendus avec de l'entraînement et de la discipline, avec de la confiance et en se fixant des objectifs clairs. Le principe « À partir de la connaissance d'une chose, nous pouvons en connaître dix mille autres », tiré du *Traité des cinq roues* de Miyamoto Musashi, un classique des arts martiaux japonais, est parfait dans cette situation, parce qu'il nous aide à négocier avec l'imprévu. Ça ne tombe probablement pas dans la catégorie de la visualisation, mais peut-être qu'en pratiquant constamment la visualisation on peut améliorer notre capacité à penser sur-le-champ, à réagir avec calme et de manière contenue, peu importe ce qui se produit.

Il est important pour moi de visualiser chaque combat, chaque adversaire. On l'évalue, on le regarde aussi objectivement que possible, on cherche ses forces et ses faiblesses réelles et, si l'on est chanceux, on découvre les choses que cet adversaire cherche à cacher. Puis, on continue : on prépare la stratégie, on s'entraîne au maximum dans les techniques clés, on choisit le mode d'attaque approprié. On visualise le combat et la façon dont on veut qu'il progresse en voyant les défenses de l'adversaire, les attaques qui se présentent. Pendant ce temps, on attend patiemment que la lacune, le point faible surgisse. Lorsqu'on aperçoit cette ouverture, on s'y engage sans révéler ses intentions. Au moment opportun, on frappe de façon critique et résolue, avec la confiance et la puissance provenant d'un entraînement physique constant et d'un éveil mental. Chaque étape est visualisée d'une manière aussi réaliste que possible.

Observer des athlètes qui sont meilleurs que moi m'aide à améliorer ma propre visualisation. Ce n'est jamais une mauvaise idée d'imiter les meilleurs, ou simplement de choisir les meilleurs éléments de leurs répertoires pour soi-même.

Il existe des techniques de toutes sortes pour les coups de poing et de pied, mais, à mon avis, elles ne sont que le début. Toutes les personnes sont différentes, alors le secret n'est pas de se sentir obligé d'exécuter un coup de pied comme tout le monde. Le secret se trouve dans l'exécution du coup de pied – ou de poing – de la meilleure façon possible, puis dans sa répétition des milliers de fois. Au gymnase, dans la tête, tout le temps.

Regardez-vous trop souvent la télévision ? Imaginez-vous en train de lire un livre, ce soir, et d'allumer une lampe plutôt que la télé. Vous mangez trop d'aliments frits ? Visualisez votre prochaine assiette remplie de légumes verts. La conférence que vous devez faire vous inquiète et vous voulez la remettre à plus tard ? Imaginez-vous debout, sûr de vos connaissances, en train de faire votre présentation et de répondre aux questions du public. C'est très semblable à la façon dont je visualise mon adversaire, moi-même, l'octogone et la victoire.

Comme je l'ai déjà mentionné, Rodolphe me parle continuellement de la gaine de myéline et de son effet sur ma technique. Pour être honnête avec vous, peu m'importe son nom, je me préoccupe plutôt de son efficacité. Par contre, si vous demandez à Rodolphe, il vous expliquera en des termes relativement simples : la gaine de myéline recouvre l'axone d'un neurone et permet d'augmenter la vitesse des messages cérébraux. Elle enregistre les mouvements, un peu à la manière des anciens disques de vinyle où sont gravées des couches d'informations, sauf que l'on peut augmenter la capacité d'enregistrement et améliorer la netteté et la précision du son. Le fonctionnement est similaire dans le domaine des sports, qu'il s'agisse d'un tir en suspension ou d'un coup de pied circulaire : plus on répète un mouvement exactement de la même façon, plus on le maîtrise. Grâce au cerveau et à la gaine de myéline, le corps finit par se souvenir exactement de ce qui doit être fait sans que l'on ait à le lui rappeler. C'est automatique, comme l'aiguille sur un vieux 33 tours qui fait toujours entendre les mêmes chansons.

Je repense à mes mouvements. Je les rejoue dans mon esprit. Je les intègre dans des situations et des scénarios. Je crois que le cerveau a besoin de ce genre d'entraînement et qu'il s'améliore même quand je pense au mouvement plutôt que de l'exécuter physiquement. C'est une exécution parfaite. Je pense constamment à de telles choses. En fait, je m'absorbe dans mes pensées chaque jour au point que je ne réponds pas aux personnes qui me parlent et qu'elles doivent souvent me ramener à la réalité.

C'est important parce que, alors que je m'engage dans des compétitions plus exigeantes contre des adversaires plus coriaces, j'ai besoin que mon cerveau se concentre sur autre chose que l'exécution de mouvements. J'ai besoin que mon attention se porte sur la stratégie et la prise de décision plutôt que sur la technique et l'exécution, qui doivent me venir naturellement parce que, pendant un combat, on n'a pas le temps de réfléchir. Il y a à peine suffisamment de temps pour laisser le corps faire ce que l'esprit juge le plus approprié.

MAÎTRE : Le public perçoit Georges comme un athlète des arts martiaux mixtes, bien entendu, mais lui se considère (comme moi, d'ailleurs) comme un pratiquant des arts martiaux. Pour faire la distinction, on doit approfondir une théorie de ce que sont les arts martiaux.

Les gens utilisent l'expression «arts martiaux» de façon très libre. Cette notion a considérablement changé au cours des 15 dernières années, à la suite de l'avènement des arts martiaux mixtes. Plusieurs aspects des arts martiaux modernes – dont la lutte, par exemple – n'étaient pas considérés comme tels quand j'étais jeune. Aujourd'hui, seul un fou refuserait de considérer la lutte comme faisant partie des arts martiaux. Cependant, les arts martiaux mixtes sont un sport composite. C'est un assemblage de sports qui forment la base : la lutte, le judo, le karaté, la boxe, le muay thaï, le jiu-jitsu brésilien, le sambo et diverses autres disciplines de combat. La seule caractéristique commune aux différents arts martiaux qui constituent le fondement des arts martiaux mixtes est qu'il s'agit de sports compétitifs, à la différence des styles plus éclectiques de kung-fu, par exemple, qui sont dénués d'un aspect sportif et compétitif.

Pourtant, les arts martiaux mixtes sont plus que les sports distincts qui constituent leur fondement. La relation complexe entre ces sports et les arts martiaux mixtes dans leur ensemble est difficile à décrire. C'est pourquoi ce sport a toujours été un phénomène mal compris. J'irais jusqu'à dire qu'un grand nombre des athlètes qui pratiquent notre sport le comprennent à peine.

Avant chacun de mes combats, je me fais un point d'honneur de saluer mon adversaire. C'est une question de respect, même s'il essaie de m'enlever quelque chose. Peu de gens comprennent pourquoi j'agis ainsi, mais, pourtant, la raison est simple : sans cet autre homme, je n'existerais pas. C'est pourquoi je prie pour nous deux et pas seulement pour moi. En entrant dans l'octogone, mon adversaire me complète. Il rend ma vie possible. Il devient une partie de mon existence. Lui manquer de respect équivaudrait à me manquer de respect à moi-même. Grâce à lui, je deviens un homme meilleur. Grâce à sa présence, je suis un véritable athlète des arts martiaux mixtes. Grâce à sa volonté de se mesurer à moi, ma vie prend forme et avance, mon chemin évolue et je m'approche de mon objectif de vie.

Mon rôle, durant le combat, consiste à gagner en me battant le moins possible. Les plus grandes victoires sont celles que l'on n'a pas à disputer. On doit simplement fixer le point où l'on sent que la victoire est à sa portée. À quel moment sait-on que l'on a battu son adversaire ? Quand il casse mentalement. Ce n'est jamais vraiment terminé tant que ce n'est pas terminé, mais il existe un point de rupture lorsqu'on sait qu'on l'a eu. Quand il est sur le point de lâcher. Quand la fin est proche.

Par contre, la réalité est que c'est un moment dangereux, probablement le plus périlleux pour celui qui mène, qui maîtrise la situation. Comme l'adversaire vit son dernier espoir, il est prêt à risquer le tout pour le tout. Il est comme un animal blessé sur le point d'attaquer. Il est un guerrier affaibli qui rassemblera ses derniers efforts dans un ultime mouvement désespéré, en quête d'une étincelle d'espoir, d'un coup de poing ou de pied miraculeux.

Mais c'est généralement la dernière attaque.

Chaque combattant a un geste révélateur lorsqu'il s'effondre mentalement. J'ai remarqué que l'un de mes grands adversaires accepte de se faire dominer par son rival lorsqu'il s'appuie contre la cage pour se reposer et se ressaisir. J'en ai vu un autre qui essuie la sueur de son front de chaque main, comme un tic nerveux. Plusieurs tirent et remontent leur short à répétition. D'autres bougent différemment, sans plus, et ont un regard sauvage qui est étranger. C'est toujours unique, c'est souvent bizarre, et ce ne peut être que final.

Une fois que le combat est terminé, je me penche devant mon adversaire pour lui rendre hommage et le remercier. L'après-combat est un moment d'humilité, d'acceptation et d'analyse, quel que soit le résultat. Les sports sont comme une téléréalité ultime. Les acteurs sont « du vrai monde » et suivent la voie de leur propre vie. On ne doit jamais l'oublier. Avant le combat, votre opposant et vous vous situez sur des chemins de vie différents. S'il gagne, il se lève le lendemain et toute son existence changera considérablement.

Lorsqu'on est déjà le champion et qu'on gagne, le lendemain sera, bien entendu, identique à la veille. Après une défaite, par contre, notre vie change radicalement. Ça s'applique à tout.

À l'un de mes premiers combats, tout de suite après la victoire, j'ai eu l'idée d'aller voir mon adversaire, Justin Bruckmann, pour m'assurer qu'il allait bien et pour le féliciter pour sa performance. Il le méritait pleinement. Une autre fois, après avoir vaincu Pete Spratt, je suis sorti avec lui en ville. À la suite d'une décision controversée de l'arbitre contre Ivan Menjivar, j'ai pris le micro et annoncé à la foule que, malgré la décision, mon adversaire n'avait pas déclaré forfait. J'ai dit qu'il voulait continuer et qu'on allait poursuivre le combat. Bien entendu, on m'a tout de même accordé la victoire, mais je considère encore que ce combat était un match nul. J'étais loin d'un championnat, mais la vérité vient naturellement quand on vit dans la réalité. Les êtres humains sont naturellement attirés vers la vérité, mais la victoire peut *masquer* la vérité. On doit s'en souvenir dans la victoire comme dans la défaite.

Après l'un de mes combats contre Koscheck, où l'on m'a dépeint comme le héros et lui, comme le méchant, je me suis senti obligé de calmer la foule, de dire à tout le monde que son discours méprisant des semaines précédentes n'était qu'un moyen d'exciter les fans. Même s'il est important de faire grimper l'enthousiasme chez les spectateurs, je sais que ce n'est pas mon style de me vanter et de menacer mon adversaire de destruction. Je viens de l'univers des arts martiaux traditionnels où l'on n'agit tout simplement pas ainsi. J'en connais beaucoup qui aimeraient que je parle davantage, ou que je participe à plus d'événements avant chaque combat, mais je me connais et je sais ce qui est (ou semble) authentique et ce qui ne l'est pas. Je sais aussi, d'un autre côté, que les gros mots et les menaces avant un combat sont bénéfiques pour certains combattants, que ça les aide à se préparer mentalement. Évidemment, certains adeptes des arts martiaux mixtes adorent la controverse.

Il y a un moment pour laisser aller, un moment où l'on doit se voir quand on regarde son adversaire. C'est seulement alors que l'on comprend la signification de cette parole de saint Augustin : « Conquiers-toi et tu auras le monde à tes pieds. »

MAÎTRE : Georges avait un *sensei* très intéressant, à ses débuts : Kristof Midoux. À l'adolescence, ce *sensei* obligeait littéralement Georges à se mesurer à des hommes dans des matchs défis menés à plein régime. Georges, qui avait un répertoire très limité de techniques de *grappling*, connaissait uniquement une projection grossière en attrapant les deux jambes et ses mouvements de karaté. Et lors de ces modestes débuts, on l'a poussé à prendre part à des combats avec des adultes qui pouvaient être des lutteurs, des boxeurs, des karatékas experts, etc. Georges devait battre ces hommes au sol et, vu ses compétences limitées en jiu-jitsu brésilien, il devait les vaincre en faisant appel à des techniques de *shoot-boxing*.

Je crois que si Georges n'avait pas rencontré Kristof Midoux, il ne connaîtrait pas un succès international comme aujourd'hui. Les gens s'interrogent souvent sur l'identité des personnes qui exercent la plus grande influence sur Georges, mais je peux vous dire que Kristof est l'un des préférés. Parfois, une sagesse surprenante émane des gens les plus fous.

Au cours de certains combats, il y a des moments où mon esprit s'évade à l'extérieur de l'octogone. J'ai parfois regardé Dana White ou Lorenzo Fertitta, les patrons de l'UFC, pour tenter de lire sur leurs visages et comprendre ce qui leur passait par la tête. Je me souviens qu'un jour j'ai regardé dans la foule et j'ai fixé Tito Ortiz dans les yeux.

J'aime bien Tito, il est un héros spécial pour moi. C'est grâce à des athlètes comme Tito, qui ont pavé la voie à des combattants comme moi, que les arts martiaux mixtes sont parvenus aussi loin dans notre société. Il est un vieux routier des arts martiaux mixtes, un authentique. Les combattants de la génération de Tito ne faisaient pratiquement pas d'argent. Ils en ont arraché plus que quiconque peut imaginer, mais ils ont persévéré, et ce, pour une seule raison : ils adoraient ce qu'ils faisaient. J'admirais ces hommes, je comprenais leur passion et j'essayais de manifester mon respect.

Tandis que je retenais un adversaire contre la clôture, Tito et moi nous sommes regardés et j'ai fait une mimique pour essayer d'exprimer une pensée (que ce que je faisais allait être long et ardu). Il a réagi d'un simple regard et d'un léger mouvement de la tête, comme s'il était dans mes pensées et disait, d'un ton neutre : « Ouais, tu as raison. C'est difficile. Continue. » J'ai cru qu'à ce moment il était vraiment dans ma tête parce qu'il avait déjà été là, dans la cage. Il avait vécu ce que je vivais. Il savait que, dans l'octogone, personne ne se battrait pour moi. Personne d'autre n'y pénétrerait pour faire mon travail. Quand on est à l'intérieur de l'octogone, le reste du monde est un endroit éloigné que l'on ne peut atteindre. Il y a toi et il y a ton travail, et un peu plus loin se trouve ton adversaire. Ton travail consiste à te battre contre lui et à gagner.

MAÎTRE : Dans les premières années, comme tout débutant, Georges a eu des expériences difficiles : il a été dominé à répétition. Mais, au fil des ans, il a commencé à combiner intuitivement ses mouvements de karaté avec les mouvements de lutte qu'il apprenait et de boxe qu'il commençait à comprendre. Quand il a entrepris sa carrière dans les arts martiaux mixtes, on pouvait déjà voir la naissance de quelque chose de vraiment extraordinaire. Sa capacité à couvrir une distance, à masquer ses vraies intentions à son adversaire et à l'intimider avec ses formidables projections au sol était émaillée de menaces de coups. Sa capacité à créer son propre rythme tout en contrariant celui de son adversaire était manifeste dès le début et, au fil du temps, il l'a raffinée. À mon avis, cette capacité a atteint son summum le soir où Georges a battu Josh Koscheck pour la deuxième fois. Je l'ai observé durant plus de 10 ans en train d'effectuer ses exercices de *shoot-boxing*. Ce soir-là, ses coups étaient si rapides que je ne parvenais même pas à les voir arriver. À sa défense, Koscheck a bien réussi à se relever. Toutefois, les projections exécutées par Georges étaient aussi bonnes qu'un être humain pouvait les faire. À titre d'entraîneur, c'est l'une des seules fois de ma vie où j'ai été émerveillé par un élève.

Je mise sur la puissance de l'inattendu pour défaire mon adversaire. Le meilleur exemple est probablement ma technique de projection au sol.

Le secret n'est pas dans la façon de la faire, mais plutôt dans le choix du moment. Ne vous méprenez pas. Le *comment* doit être aussi près de la perfection que possible et il faut des années pour atteindre ce niveau, mais chaque bon athlète des arts martiaux mixtes peut exécuter une projection au sol. Lorsqu'on se bat contre les meilleurs, le *quand* est le secret…

J'essaie de synchroniser mes projections afin qu'elles surprennent mon adversaire. Pensez-y : lorsqu'il lance un coup de poing, je vais me déplacer vers l'arrière ou vers le côté pour éviter le coup ou, dans le pire des scénarios, le bloquer. Pourtant, je ne fais pas toujours ça. Parfois, lorsque j'anticipe un coup de poing à cause d'un mouvement d'épaules ou d'un regard, je me prépare en même temps pour une projection. Et lorsqu'il lance ce coup, avant même qu'il ait le temps d'entendre le « pouf », pendant que sa main manque d'accrocher sa tête, mon épaule se jette sur son abdomen et je l'emporte directement sur le tapis.

Au cours de l'un de mes premiers combats professionnels, mon adversaire, Pete Spratt, a tenté dès le début un coup de pied à ma tête. On s'attend à la réaction normale, qui serait défensive, mais j'ai utilisé ce moment pour sauter sur lui et l'envoyer au sol. Ce n'était pas un mouvement arrière, je n'essayais pas consciemment de faire les choses à l'envers. C'était une réaction spontanée, purement et simplement. Je vois des ouvertures et j'essaie d'en faire des atouts. C'est la dernière chose que Pete – et, semble-t-il, tous les autres – ferait.

Ce n'est que la puissance de l'inattendu.

MAÎTRE : Une des grandes qualités de Georges St-Pierre – et je suis absolument sûr que c'est une des principales raisons de ses succès – est la profondeur de sa réflexion concernant la relation complexe entre les différents sports qui constituent les arts martiaux mixtes et concernant les arts martiaux mixtes eux-mêmes. J'ai enseigné à Georges une composante des arts martiaux mixtes : le jiu-jitsu brésilien et le *grappling*. Il m'a enseigné la relation entre les différentes composantes des arts martiaux mixtes. Ceux-ci sont constitués de sports de combat traditionnels qui, lorsqu'ils sont en harmonie, s'élèvent, d'une certaine façon, au-dessus du contenu de ces arts martiaux mixtes pour devenir un sport passablement différent. Georges a eu de nombreux entraîneurs qui lui ont tous enseigné les composantes des arts martiaux mixtes, mais c'est Georges lui-même qui a eu l'idée de la relation entre eux. Ce faisant, il est allé au-delà des enseignements de ses maîtres.

C'est une autre leçon de Bruce Lee : il n'y a pas deux personnes identiques. C'est important parce que ça veut dire qu'un système qui fonctionne pour une personne ne sera pas parfait pour une autre. Ça signifie que l'individualisme est un élément important de la croissance de la connaissance. Bruce Lee appelait cet aspect de l'entraînement la « totalité ». Il voulait que les gens deviennent des individus le plus complets possible. Pour moi, ça a toujours signifié une chose : conserver les connaissances qui me sont utiles et laisser tomber toutes celles qui ne me servent plus. Quand j'étais au cégep et à l'université, je m'entraînais au karaté une journée, à la boxe le lendemain, au jiu-jitsu brésilien le jour suivant, au muay thaï la journée suivante... J'essayais différentes disciplines de combat et je les passais au crible pour en extraire les éléments les plus importants, les plus aisés et les plus utiles. Et même si Bruce Lee avait été dans la pièce pour observer mes séances d'entraînement, j'étais le seul à savoir vraiment ce qui convenait et ce qui n'allait pas, ce que je devais conserver et ce que je devais rejeter.

Je considère le monde comme la quincaillerie de la connaissance. Au fil des allées se trouvent ces clés de connaissances et chacune ouvre une porte différente. Quand je vois ou entends quelque chose de nouveau qui me plaît, je prends la clé et j'ouvre la porte. Si ce qui est derrière cette porte me donne un meilleur moyen de devenir ce que je suis vraiment, je le prends. Une fois à la maison, je place cette nouvelle connaissance dans un de mes trois « ateliers » et je me mets à travailler avec. Les deux principaux ateliers que j'ai sont 1) l'atelier physique et 2) l'atelier mental. Ainsi, la gymnastique, par exemple, va dans l'atelier physique, tandis que les discussions philosophiques et la visualisation vont dans l'atelier mental.

J'appelle le troisième l'« atelier de la fusion », parce que j'y intègre toutes les connaissances à ma façon. C'est de cet atelier que provient le *shoot-boxing*. C'est ce qui me définit le mieux, selon certains.

MAÎTRE : Le *shoot-boxing* est probablement l'ingrédient qui a eu le plus d'importance pour le succès de Georges dans les arts martiaux mixtes. Dans ses termes, le *shoot-boxing* renvoie à l'idée de combiner des aptitudes de frappe à des aptitudes d'amenés au sol. Le *shoot-boxing* est sans doute la facette la plus importante des arts martiaux mixtes, parce qu'il donne à l'athlète la capacité de déterminer la direction d'un combat. Il lui permet de choisir où le combat aura lieu, de décider s'il sera livré en position debout, s'il se déplacera vers la clôture ou au sol. Il permet d'éloigner un adversaire de ses forces pour l'amener vers ses faiblesses. L'homme qui détermine la direction d'un combat possède un avantage considérable dans le contexte des arts martiaux mixtes.

Georges est indéniablement le plus grand shoot-boxeur de l'histoire des arts martiaux mixtes. Personne n'allie mieux que lui les aptitudes du kick-boxing, des projections au sol et des coups de poing. Quand cela m'a-t-il frappé ? La première fois que je l'ai vu en combat. Il était si maître de son art que ce n'était même pas drôle. Pourtant, le développement du *shoot-boxing* connaît une histoire longue et complexe qui a débuté bien avant que je sache qui était Georges St-Pierre. Personne n'avait même enseigné à Georges comment pratiquer le *shoot-boxing* pour une raison bien simple : personne ne l'enseigne. Personne ne possède la gamme d'aptitudes qui lui permettent de le pratiquer avec succès. Les autres ne font que l'effleurer.

À tout moment dans la vie ou dans un combat, il suffit de connaître deux personnes pour réussir : votre adversaire et vous-même.

Vous êtes en évolution constante. Vos faiblesses changent de forme et vont même jusqu'à disparaître. Vos forces grandissent, elles évoluent et changent, elles aussi, de forme. La puissance se comporte différemment quand on l'associe à la sagesse. La sagesse nous permet d'utiliser moins de puissance pour accomplir davantage de tâches.

Votre adversaire aussi change constamment. Il change de forme. Sa nature, par contre, est toujours la même : il souhaite vous battre.

Quand je me prépare à un combat, je veux m'éloigner le plus possible des pensées de mon adversaire. Je ne veux pas qu'il me voie, qu'il me sente ni même qu'il pense à moi, où qu'il se trouve. Moi, par contre, je pense constamment à lui. Je le garde en tête et je le vois dans toutes les situations possibles. J'étudie sa façon de bouger, de se battre, de réagir. J'essaie de comprendre la meilleure version de la vérité sur mon adversaire afin d'éviter tout élément de surprise.

La seule façon d'éliminer un élément de surprise, c'est de se connaître et de connaître son adversaire. Il est plus difficile de se connaître soi-même que de connaître l'ennemi, parce que, quand il est question de soi, toutes sortes d'émotions, comme la fierté, interviennent. On se laisse emporter par ses propres émotions. Lors de certains de mes combats, j'ai perdu la maîtrise de moi-même, mais, si je m'étais suffisamment connu, j'aurais réussi à me calmer sur-le-champ.

En vérité, je ne veux même pas faire de mon adversaire un objet de haine. La haine n'est ni rationnelle ni intelligente. Elle n'a pas de raison d'être. La haine aveugle les êtres et les éloigne de la réalité. Je me suis mesuré à des adversaires que je n'aimais pas du tout ou qui disaient à mon sujet des choses vraiment stupides, mais ce n'est que de la motivation. Ça fait partie du jeu.

> **MAÎTRE :** Il faut comprendre que le *shoot-boxing* est, en un sens, supérieur à ses composantes. C'est la clé pour saisir les grandes qualités de Georges St-Pierre. Bien sûr, il a eu de grands professeurs, mais tout ce qu'ils lui ont enseigné, ce sont des éléments. Ce qui le rend exceptionnel, ce ne sont pas les composantes, c'est sa capacité d'aller au-delà de ces composantes pour atteindre le cœur du sport des arts martiaux mixtes.
>
> Georges a fait du *shoot-boxing* une science. Ce n'est pas une personne en particulier qui lui a montré, il a appris de lui-même. Il a tout inventé seul. Et le développement a commencé pour répondre à un besoin : l'autodéfense.

Mon pied avant pointe toujours en direction de mon adversaire. Cette position est importante parce qu'elle empêche mon adversaire d'avoir ou de trouver un angle d'attaque contre moi. Il ne faut jamais que ça se produise parce que, simplement dit, l'angle mort est exposé, il affaiblit. Un combattant ne peut pas se permettre de laisser vulnérable son flanc ou son angle mort.

En outre, ne pas pointer le pied vers l'adversaire a une incidence très négative sur la puissance. Un mauvais alignement diminue la puissance que l'on peut générer sur un côté du corps. On peut parvenir à exécuter un *jab* ou un coup de pied, mais il devient difficile d'enchaîner avec une suite efficace du côté le plus fort. On donne aussi à l'adversaire plus de possibilités de riposte tout en diminuant ses propres angles et approches.

On peut parfois faire une feinte en changeant la position des pieds ou en jouant avec, mais il faut être un maître pour y parvenir. Souvenez-vous : vous devez tout d'abord maîtriser les règles avant de commencer à les transgresser.

Si je compare mon premier combat à ceux que j'ai livrés en tant que champion, le positionnement de mes pieds est probablement ce qui a le plus changé dans mon style. Au début, je n'accordais jamais d'attention à la position de mes pieds et je m'assurais rarement qu'ils pointent en direction de mon adversaire. Je n'en comprenais pas l'importance.

Regardez mes jambes et le mouvement de mes mains. Observez leur position. Lorsque le combat commence, regardez la façon dont mon pied pointe en direction de mon adversaire, mon mouvement constant et la façon dont je m'approche et je m'éloigne de la distance de frappe. Voyez comment j'essaie de garder mes hanches libres. Et maintenant, observez ma main gauche, comment elle pend contre ma hanche et bouge d'avant en arrière, se balançant en suivant un rythme.

Si c'est difficile pour vous d'observer tout ça, revenez au combat contre Koscheck. Voyez-vous ce que je fais ? C'est le *jab*, tout tourne autour du *jab*. Koscheck s'approche, je lui assène un *jab* et je recule. Koscheck s'avance de nouveau et je lui assène un *jab* après l'autre ! Le voyez-vous ?

Imaginez maintenant que je tiens un fleuret dans cette main. Voici la poignée et voici la lame qui plane avec menace près de mon adversaire.

C'est ma position et elle me vient de l'escrime. Je ne me bats pas, je fais de l'escrime.

Ce n'est pas mon poing, c'est mon fleuret. Puisque mon gant est noir comme mon short, on ne le voit pas venir. Il sort de l'ombre et s'avance vers vous. Je fais de l'escrime.

C'est Bruce Lee qui m'a inspiré, pour le fleuret. Il en parlait longtemps avant ma naissance. La plupart de mes déplacements à l'intérieur du ring sont inspirés de l'escrime. Quand je m'approche, je fais le même mouvement qu'au fleuret. Je n'ai même pas à avancer ma main droite, ce qui est une autre chose dont parlait Bruce Lee. Si l'on sort trop la main droite, on se déséquilibre, ce qui nous rend vulnérables aux touches. Avec l'approche de l'escrime, on prend moins de risques, on se fait frapper mois souvent, ce qui est très important.

Observez le boxeur Bernard Hopkins, il le fait encore à presque 50 ans. Personne ne parle de la puissance de son knock-out, mais il est toujours en forme, il fait ce qu'il aime, il gagne de l'argent, et, dans son sport, les amateurs apprécient ce qu'il fait. Ils voient la beauté et la grâce de son approche.

En arts martiaux mixtes, on entend encore des personnes se plaindre de ce que certains combattants ne prennent pas suffisamment de risques, mais ces personnes ne connaissent pas vraiment le sport et ne l'apprécient pas. Elles veulent des coups spectaculaires et des K.-O. Pourtant, aucun sport, même la boxe, ne se compose que de knock-out.

Dans le ring, Hopkins a battu Jean Pascal, le champion du monde de l'époque, alors qu'il avait 46 ans. Regardez bien Andre Ward : il a régulièrement battu ses adversaires sans jamais les mettre K.-O. Essayez de le frapper une seule fois. Un virtuose du K.-O. prend des risques inutiles, mais, à un certain moment, il va en subir les conséquences par l'attaque d'un vrai pro.

Observez bien Anderson Silva. Son secret, c'est sa riposte. Même s'il a souvent frôlé la défaite, il me semble qu'il s'approche de son adversaire et le laisse croire qu'il gagnera par K.-O. Ensuite, il le soumet grâce à une prise étonnamment solide ou le met K.-O. avec un coup extrêmement précis.

Même chose pour Floyd Mayweather. Il attend que son adversaire tente de lui administrer un K.-O., puis il saute sur l'occasion. Il l'emprisonne dans son piège et trouve une façon de détourner la force de son adversaire à son avantage. J'ai vu Mayweather battre par K.-O. un gars qui était connu comme le Roi du K.-O. : il a simplement attendu patiemment que l'autre laisse une ouverture, puis a foncé – comme un escrimeur.

MAÎTRE : Georges a commencé avec le karaté et l'a appris de manière très traditionnelle. Le grand cadeau que lui a légué le karaté, c'est le talent du mouvement. Le mouvement et la feinte, la capacité d'interrompre le rythme de l'adversaire par l'usage des feintes et des indications erronées. C'est ce que Georges a appris du karaté. En vieillissant, il a entrepris l'étude du muay thaï et de la boxe, et, à partir de là, il a appris à frapper haut et à soutenir un regard, entre autres. Puis il a commencé l'étude de la lutte olympique. Il a acquis une grande efficacité dans toutes ces disciplines.

Aujourd'hui, la plupart apprennent un peu de boxe, un peu de lutte, un peu de boxe thaïe, puis ils raboutent le tout. Enfin, ils espèrent pour le mieux lorsqu'ils participent à un combat d'arts martiaux mixtes. C'est à peu près l'essentiel de la formation de la plupart des athlètes. Toutefois, des connaissances approfondies dans l'une ou l'autre des disciplines des arts martiaux mixtes ne garantissent rien en matière de capacité à pratiquer le *shoot-boxing*. On peut être un grand boxeur, mais avoir peur de frapper en *shoot-boxing* parce qu'on craint d'être jeté au sol. On peut être un grand lutteur, mais ne pas réussir une seule projection au sol, parce qu'on craint de recevoir un coup de poing en plein visage. Et ainsi de suite... C'est pourquoi les gens peuvent posséder ce qui semble être des qualités exceptionnelles pour devenir de grands shoot-boxeurs, et pourtant échouer.

Mon propre système d'attaque s'articule autour d'un code, un code visuel auquel mon esprit s'est habitué. Il commence dans la position d'escrime et évolue en fonction de la direction du combat et du style de mon adversaire.

J'ai exercé mon esprit à sélectionner des mouvements clés qui constituent le code d'un *jab*, d'une droite, d'un coup de pied ou d'une projection.

Mon système est conçu pour lire le code de mon opposant, pour contrer toute attaque dans ma direction, ce qui complique les choses pour tous mes adversaires. Commençons par le commencement: qu'est-ce qu'un code de combat?

Ça n'existe pas seulement en arts martiaux. Le code de combat traite de l'origine de tous les mouvements et de la façon dont nos esprits réagissent à leur vue. Au poker, par exemple, un jeu basé sur vos cartes et sur celles de votre adversaire: si vous êtes suffisamment bon, vous pouvez deviner si une autre personne vous bluffe ou vous tend un piège. Tout ce qui manque, c'est que votre œil perçoive l'«indice» de quelqu'un, son code.

Même sur mon tricycle, j'étais un adepte des arts martiaux.

À huit ans,
je rêvais de ninjas.

Avec mon meilleur ami d'enfance.

Ma sœur ne semblait pas très impressionnée par mes coups de pied.

« Soumettant »
mon père.

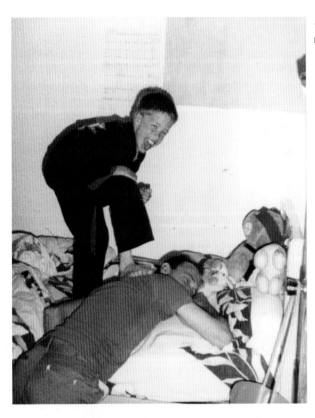

Mon idole d'enfance était Wayne Gretzky, « The Great One ».

Ma première ceinture noire, avec mon *sensei* Jean Couture.

L'apprentissage des arts martiaux mixtes avec Kristof Midoux.

Je célèbre ma première ceinture de championnat (UCC) avec Paulyne, ma mère.

Avec Kristof – même les guerriers les plus durs ont un côté gentil !
Johann Vayriot/Karaté Bushido

Ma première pesée officielle comme combattant de l'Ultimate Fighting Championship (UFC) avec mon adversaire Karo Parisyan (à gauche) et le président de l'UFC, Dana White (au centre).
Johann Vayriot/Karaté Bushido

Prêt pour mon « rematch » contre Matt Serra à l'UFC 83. Eric Williams

Soulagé et heureux après avoir repris ma ceinture
de champion à l'UFC 83. *I'm back!*
Josh Hedges/Zuffa LLC/UFC/Getty Images

Un cadeau de l'UFC, qui a rendu mon père, Roland, très heureux.

De Saint-Isidore au tapis rouge des Grammy Awards.
Jon Kopaloff/FilmMagic/Getty Images

Une autre journée de travail au gym Tristar ! Elida Arrizza/Sid Lee

Quelques secondes de récupération entre deux rounds. Richard Sibbald

Lunch avec Lorenzo Fertitta, copropriétaire de l'UFC, pour célébrer
mon nouveau contrat. Eric Williams

Mon entrée dans l'octogone du Centre Rogers vide, la veille de l'UFC 129.
Eric Williams

Derniers moments
avant le combat.
Sans mon adversaire,
je ne suis rien.
C'est pourquoi je prie
pour nous deux.
Josh Hedges/Zuffa
LLC/UFC/Getty
Images

On apprend toujours du grand Freddie Roach (à droite). Eric Williams

Mon entraîneur Patrick Beauchamp me rappelant pourquoi
je suis un gymnaste débutant. Elida Arrizza/Sid Lee

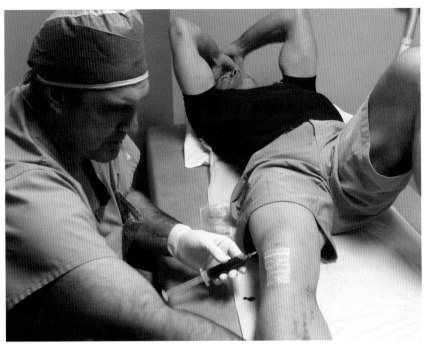

Entre les mains expertes du Dr Neal ElAttrache, l'homme qui a opéré mon genou.

Sur le chemin de la guérison de mon genou avec Gavin MacMillan au Sport Science Lab. ERIC WILLIAMS

La pratique mène à la perfection. Eric Williams

Le premier ministre du Canada, Stephen Harper, offre des gants signés par « GSP »
à son homologue japonais, le premier ministre Yoshihiko Noda. Jason Ransom

La « marque » GSP sur scène au Festival international de la créativité des Lions, à Cannes.
Soraya Ursine/Con/ LatinContent Editorial/Getty Images

Discutant de stratégies avec mon entraîneur de muay thaï, Tidiani Biga, en préparation de l'UFC 154. Richard Sibbald

Avec Greg Jackson, John Danaher, Phil Nurse et Firas Zahabi. Sans eux, il n'y a pas de ceinture de championnat. Josh Hedges/Zuffa LLC/UFC/Getty Images

Avec mon entraîneur de jiu-jitsu brésilien, Bruno Fernandes (à gauche), et mon partenaire d'entraînement de longue date et gérant, Rodolphe Beaulieu (à droite). Rodolphe a reçu sa ceinture noire tout de suite après que Bruno m'a donné ma première *stripe*. Gracie Barra Montréal

« Le silence est un ami qui ne trahit jamais. » – Confucius
ERIC WILLIAMS

Dans toute discipline de combat, un coup de poing, un coup de pied ou une feinte a un début, un milieu et une fin. Ainsi, le code indiquant un *jab* est une légère contraction de la hanche.

Quand j'observe mon adversaire, mon esprit surveille automatiquement tous ces indices, tous ces codes, afin de prévoir ce qui s'en vient. Chacune de ses stratégies est associée à un code. C'est pourquoi la préparation et l'entraînement ont une si grande importance avant un combat : on s'exerce à pouvoir dire ce que l'adversaire a l'intention de faire, car une chose est sûre : l'esprit est plus rapide que n'importe quelle partie du corps et il commande les réflexes.

Le temps de réaction est capital pour mon style de combat parce que tout ce que je fais est basé sur la vitesse : la reconnaissance et la réaction. J'exécute un grand nombre de mes projections quand la plupart des autres combattants préféreraient reculer pour éviter tout contact. Mais quand mon esprit capte un signal que la main droite de mon adversaire se dirige vers moi, je me suis entraîné à être prêt à bondir devant et à éviter le contact. J'incline la tête pour éviter le coup, je lève ma main pour m'assurer qu'il n'y a ni contact ni dommage, je plonge l'épaule dans la région de la taille de mon adversaire et j'essaie de l'envoyer au sol le plus rapidement possible pour obtenir un avantage et une bonne position.

Au cours des dernières années, j'ai travaillé à mettre au point de nouveaux types d'attaques pour brouiller les codes de combat de tout le monde. Je me trouvais au gymnase Tristar, un jour, et les gens riaient d'un gars à cause de sa technique de *jab*. Plutôt que de simplement étendre son bras vers l'avant en suivant une ligne droite, comme on le fait généralement, il étendait son avant-bras vers le haut devant son visage pour qu'il atteigne le visage ou le front de son adversaire.

Ça pouvait sembler bizarre et peu efficace, mais j'ai décidé d'essayer cette méthode pour constater par moi-même. J'ai bien fait, car j'ai appris quelque chose : l'esprit n'est pas habitué à voir un coup provenir de cette direction, ce qui signifie que très peu de codes de combat intègrent ce que j'appelle maintenant le *looping jab*. Ce coup ne servira jamais pour un knock-out, mais je l'ai exécuté à de nombreuses reprises et il a son utilité dans un combat professionnel, ne serait-ce que pour son effet de surprise.

Tout commence par un entraînement à rythme très lent. Si vous avez la chance de visiter le gymnase Tristar pendant mon entraînement, vous me verrez dans le ring boxer sans gants, pratiquement au ralenti. Mon partenaire d'entraînement et moi exécutons différentes combinaisons de coups de poing et de coups de pied à tour de rôle pour pouvoir en reconnaître le code. Nous devons donner à nos cerveaux le temps de s'habituer au code. Pendant que nous nous échauffons et nous nous améliorons, et que nos cerveaux se mettent à développer de meilleurs réflexes, nous accélérons graduellement le rythme jusqu'à la simulation de combat.

Chaque personne possède un code, une manière de donner un coup de poing ou de pied, et chaque être humain devrait être en mesure d'en élaborer un, un système d'avertissement basé sur l'expérience. C'est ainsi que les gens se préparent lorsqu'ils sont sur le point de recevoir un ballon rempli d'eau ou qu'ils hésitent à plonger dans un lac : leur cerveau leur dit qu'ils vont se mouiller ou que l'eau pourrait être très froide. Le cerveau – et donc le corps – les prépare à ce qui s'en vient. On peut dire la même chose des combats à tous les niveaux, même si les professionnels possèdent des systèmes plus perfectionnés. C'est tout naturel, parce que c'est comme ça que nous gagnons notre vie. Plus important encore, ça ne fonctionne pas seulement pour la défense.

Je ne suis pas assez naïf pour croire que je suis le seul combattant d'arts martiaux mixtes qui s'exerce à saisir les codes des autres. Nous nous entraînons tous avec cette préoccupation. À ce chapitre, ça devient un jeu d'adresse pratiqué par les meilleurs au monde.

MAÎTRE : J'avais vu Georges en combat sur vidéo, mais la première fois que je l'ai vu en direct, c'est lorsqu'il m'a demandé de l'aider à préparer son premier combat contre BJ Penn. À l'époque, Penn était considéré à juste titre comme le numéro 1 dans le monde, à poids égal. Il avait monté d'une catégorie de poids et avait vaincu Matt Hughes. Il était champion du monde de jiu-jitsu brésilien et avait un talent extraordinaire.

J'avais demandé conseil à John pour ma préparation à mon premier combat contre BJ Penn et il avait accepté de me voir le lendemain à six heures.

J'hésitais : « Six heures le soir ?

– Non, le matin. Chez moi. »

J'y suis allé malgré l'heure matinale. C'était l'occasion que j'attendais, alors j'ai sauté dessus.

MAÎTRE : Lorsque Georges a été désigné comme l'adversaire de BJ Penn, la plupart ont tenu pour acquis que, si le combat se transportait au sol, Georges serait vaincu. À l'époque, Georges était plutôt moyen au sol et Penn était excellent en jiu-jitsu brésilien (bien qu'il ait été plutôt limité dans d'autres disciplines).

Je suis arrivé chez John à temps, même si je m'étais couché tard la veille. Je me suis assis et il s'est mis aussitôt à m'exposer une analyse complète de mon adversaire, coup par coup. Il a par la suite discuté de mes faiblesses, puis m'a présenté un guide détaillé de ce qu'il avait observé chez BJ Penn, couvrant tous les angles possibles, du début à la fin.

MAÎTRE : Tout le monde savait que BJ Penn était extrêmement dangereux avec son jiu-jitsu brésilien lorsqu'il était par-dessus son adversaire. Mais je croyais qu'il n'était pas dangereux s'il était dessous, et pour une raison très simple : Penn n'avait jamais réussi une soumission lorsqu'il était sous son adversaire. Sa force, c'était sa capacité à maîtriser son adversaire quand il avait une position dominante, à passer ses jambes (sa garde) et à atteindre la position montée complète. C'est ainsi qu'il est le plus dangereux et s'il avait réussi cette position contre Georges, il aurait probablement gagné. Moi, par contre, je ne le trouvais pas exceptionnel du tout dans la position inférieure. J'étais certain que si Georges arrivait à se concentrer sur les contraintes de Penn, il pourrait remporter une victoire décisive.

En m'opposant aux conseils de tout le monde, j'ai défendu une stratégie selon laquelle Georges pousse Penn contre la clôture, le couche sur le dos et finit par gagner grâce au *ground-and-pound*. J'ai assisté au début d'une relation entre les plus grands talents de Georges et les faiblesses de BJ.

J'étais le nouveau gars dans son coin et il avait une équipe en place de Montréal. Les membres de son équipe pensaient que j'avais complètement perdu la tête et me l'ont fait savoir. Je comprends leurs raisons : en surface, pourquoi adopter une stratégie consistant à jeter au sol un adversaire justement reconnu pour l'efficacité de son jeu au sol ? Je voyais les choses différemment. Pour moi, la vraie question était de savoir en quoi il était bon au sol. Oublions les généralités, soyons précis ! Penn est très puissant quand il est par-dessus son adversaire, mais il est beaucoup moins dangereux (et ne l'a jamais vraiment été) s'il est sur son dos et que son adversaire est assis sur lui.

Parfois, à titre d'individu, on a besoin de quelqu'un de l'extérieur pour nous observer attentivement et nous dire la vérité, nous expliquer ce qui se passe réellement. Parfois, on ne voit même pas quel genre de personne on est. On a besoin d'un regard extérieur. Il ne suffit pas de se regarder dans le miroir, il faut quelqu'un qui dise « tu fais ceci » ou « tu bouges comme ça ». Les gens croient que l'adversaire est la partie dangereuse de l'équation.

Un ami qui adore le jazz m'a recommandé un documentaire sur John Coltrane, un saxophoniste légendaire. Il semble que Coltrane était une vraie machine. Il pouvait donner un concert dans un club, puis aller à sa chambre d'hôtel pour répéter, parfois toute la nuit, seul. Il était sans cesse en quête de perfection. Bien que je sois plutôt attiré par le hip-hop, une histoire sur Coltrane m'a appris une chose importante sur la façon de traiter son entourage.

Un jour, Coltrane se trouvait au studio d'enregistrement au milieu d'un groupe d'amis. Il improvisait un solo et peinait à trouver l'émotion juste, l'effet qu'il recherchait. Après qu'il a eu repris la même chanson trois fois, une de ses amies lui a dit qu'elle aimait vraiment la dernière version qu'il avait jouée.

Coltrane l'a interrogée : « Qu'a-t-elle de différent que tu aimes ? » Elle n'a pas pu répondre. Elle s'est contentée de dire qu'elle l'aimait, mais qu'elle ne pouvait mettre le doigt sur une raison en particulier. Elle en avait probablement assez d'écouter le même air et avait inventé. Coltrane lui a demandé, pour la prochaine fois, de dire pourquoi elle aimait ou détestait quelque chose, parce que, sans justifications, il est inutile de donner ses impressions.

Il lui faisait savoir ce à quoi il s'attendait de sa part : de l'honnêteté, qui mène à l'amélioration. Je ne connais pas grand-chose au jazz, mais j'ai bien compris ce que Coltrane voulait dire.

MAÎTRE : « Non, c'est de la folie. Nous allons gagner debout », ont répliqué les autres entraîneurs à ma stratégie. Mais Penn est un boxeur extrêmement doué et son style dominait outrageusement celui de Georges qui, à cette étape de sa carrière, utilisait une combinaison gauche-droite de coups directs plutôt élémentaire. Je doutais que Georges puisse remporter un échange de boxe contre Penn. Bien entendu, j'étais le nouveau et je ne voulais pas sembler manquer de respect. J'ai donc proposé : « Que diriez-vous qu'on utilise votre stratégie pour le premier round et, si elle fonctionne, nous continuerons. Sinon, nous pourrions adopter la mienne. » Ils ont été d'accord. Alors, comme le veut l'histoire, Georges a reçu une terrible raclée au premier round. Il a été frappé très gravement à l'œil au début du combat et les *jabs* et les répliques de Penn déjouaient facilement les coups directs de Georges.

Lorsque Georges est revenu dans le coin, à la fin du premier round, il faisait penser à un homme complètement battu. Il s'est assis un court moment pour se reposer. Il a pu récupérer de la force et je lui ai dit, en le fixant : « Georges, tu sais ce que tu dois faire. » Il a levé la tête et m'a regardé droit dans les yeux. Je me souviens qu'il a essuyé le sang sur son visage et a hoché la tête. Il n'a pas dit un mot. Il s'est levé et a immédiatement poussé BJ Penn contre la clôture devant moi. Georges a projeté BJ à terre à plusieurs occasions.

Georges résistait facilement au sol et Penn n'a jamais obtenu de soumission. Georges a dominé les deux rounds suivants et a remporté par une décision serrée des juges.

Si nous avions appliqué ma stratégie dès le départ, Georges aurait facilement gagné les trois rounds. Mais j'ai beaucoup appris sur Georges à l'occasion de ce combat, quelque chose qui allait bien au-delà du niveau technique, jusque dans son cœur. Malgré le départ horrible, il avait réussi à remporter deux rounds. Il a manifesté un courage exemplaire et j'ai pu constater de près ses talents au *shoot-boxing* contre l'un des meilleurs athlètes en arts martiaux mixtes au monde.

La victoire de Georges a pu surprendre les naïfs, mais pas ceux qui comprennent la stratégie et connaissent BJ Penn. Elle découlait d'une simple observation de ce qui aurait dû être des faits évidents, mais les gens négligent trop souvent les faits évidents.

Les champions du monde ont besoin de s'entourer de gens qui leur disent la vérité, comme John Danaher. De gens qui ne racontent pas d'histoires, de gens qui les respectent suffisamment pour leur dire la vérité et qui les aident à distinguer la réalité des mirages. C'est une des raisons pour lesquelles je me sens si proche de Firas, qui est devenu mon entraîneur à temps plein après ma défaite contre Serra. Une des choses sur lesquelles nous nous sommes immédiatement entendus, c'est que la vérité règne et a la priorité sur tout le reste. C'est aussi pourquoi Firas est devenu l'un des meilleurs entraîneurs en arts martiaux mixtes au monde et que Tristar, son gymnase, se classe parmi les meilleurs. Firas et moi, nous n'avons jamais perdu un seul combat depuis que nous sommes ensemble et la principale raison pour laquelle Firas est mon entraîneur-chef, c'est qu'il ne dit que la vérité, et j'ai besoin de ça.

Il y a une collection entière de faussetés et de distractions qui attendent ceux qui deviennent champions du monde pour la première fois. De toute évidence, quand on se lève le lendemain de la victoire, on n'a que des amis. Tout le monde aime le champion (à l'exception du gars qu'il a battu la veille) et veut l'aider. Tout le monde veut être là, jouer un rôle, donner des conseils, etc. Et si le champion les croit tous (y compris la petite voix dans sa tête qui lui rappelle à quel point il est une personne extraordinaire), il commence à croire aussi qu'il n'a plus besoin de s'entraîner aussi intensivement, qu'il a bien mérité le droit de faire la fête et de se la couler douce et qu'il n'a pas à se préparer autant en vue du prochain combat.

La première fois que j'ai été champion de l'UFC, tout le monde m'entourait – au gymnase, dans la rue, lors des entrevues, partout – et me disait que j'étais le meilleur, que j'étais vraiment exceptionnel, que j'étais ceci ou cela. Laissez-moi vous dire que ça n'a pas produit un effet positif, parce qu'on flattait mon ego et qu'on créait un lieu imaginaire où j'étais séparé de tous les autres combattants par une fine ligne – une ligne que personne d'autre que moi ne pouvait traverser. C'était ma place à moi. Mais tout ça n'était qu'une grande illusion. Les illusions sont temporaires. On demeure la même personne après être devenu champion du monde. Même la ceinture du championnat n'est d'aucune utilité, sauf pour décorer un mur. On ne peut même pas s'en servir pour tenir son pantalon.

C'est beaucoup mieux de perdre. Quand on est encore champion, les gens disent qu'on est un grand Québécois, un combattant hors du commun, et qu'on représente toutes sortes de choses parfaites, belles et formidables. Après avoir perdu contre Matt Serra, je me suis rendu compte que c'était plutôt le contraire. Le chemin qui m'a ramené à la réalité est glissant. On ne peut pas choisir où prend fin la glissade, où arrêter. On glisse sur le cul. Il n'y a pas de panneaux d'arrêt sur cette route, seulement un fond dur et douloureux. Les gens disent des choses comme : « Il n'était pas si bon. On le savait depuis le début. Il a eu de la chance, c'est tout. » Les deux attitudes sont extrêmes et fondamentalement fausses. On demeure la même personne et on essaie toujours de s'améliorer, dans un domaine ou un autre.

Ceux qui disent la vérité détiennent la solution. L'opinion des gens dont les émotions importent plus que les faits est fausse et inutile. Ce n'est pas ce dont on a besoin pour devenir bon dans quelque chose. Ce dont on a besoin, ce sont des preuves, une raison pour se motiver à atteindre des objectifs encore plus élevés. Dire à une personne ce qu'elle veut entendre n'est généralement pas une combinaison gagnante.

Selon moi, les vrais amis disent la vérité. Ils préviennent quand on est imbu de soi-même, quand on paresse trop, quand on est impoli ou même quand le derrière paraît plus gros dans un jeans...

MAÎTRE : Ma vie n'aurait pas été différente si je n'avais pas rencontré Georges St-Pierre : je me lève, j'enseigne le jiu-jitsu brésilien toute la journée et je rentre à la maison le soir. Certains aspects de ma base de connaissance seraient déficients, mais le déroulement de ma vie de tous les jours serait identique. Je crois que toute la grandeur des êtres humains est fondée sur la routine. Aucun comportement humain extraordinaire n'est possible sans que ce noyau central de notre vie soit structuré et géré par la routine. Toute grandeur provient d'un investissement en temps et du perfectionnement des techniques qui vous rendent formidable. Ainsi, montrez-moi n'importe quelle personne exceptionnelle dans le monde qui fait preuve de talents extraordinaires et je vous montrerai une personne dont la vie est réglée par la routine.

John et moi souffrons tous deux de troubles obsessionnels compulsifs. C'est pour cette raison que nous nous entendons bien. On peut passer des heures à répéter une seule technique, à recommencer sans arrêt jusqu'à ce que je la réussisse. On répète le mouvement, on s'assoit pour en parler, puis on recommence. On bloque tout le reste et on recommence jusqu'à ce que le monde se dissolve complètement et que le mouvement soit parfaitement maîtrisé.

MAÎTRE : Ce que nous avons en commun, c'est que nous sommes tous les deux perfectionnistes. Cela explique certaines de nos plus grandes forces et de nos plus grandes faiblesses. Je tiens à la perfection et à l'application des techniques, et parfois, mes critiques peuvent être violentes. J'ai souvent enseigné une technique à une classe avant de m'éloigner pour donner d'autres cours. Je regardais au loin et j'apercevais Georges, pratiquant encore la même technique, et qui avait épuisé six ou sept partenaires d'entraînement successifs, car personne ne pouvait soutenir l'intensité de son travail.

C'est comme mastiquer une bouchée 100 fois pour s'assurer de goûter pleinement la nourriture : ça facilite le processus. Et maintenant, je sais ceci : c'est de cette façon que je m'améliore. Je choisis de petits éléments que je répète jusqu'à ce que je les exécute à la perfection.

En fait, on peut séparer les personnes qui pratiquent les arts martiaux en deux catégories : celles qui font 1 000 coups de pied différents à raison d'une fois chacun et celles qui répètent le même coup de pied un millier de fois au moins. Je vous laisse deviner à quel groupe j'appartiens.

MAÎTRE : Je peux paraître froid à monsieur et madame Tout-le-monde, mais je suis chaleureux envers les personnes exceptionnelles et douées. C'est naturel, bien entendu, que je me rapproche de Georges parce qu'il est devenu si talentueux. Mais il y a plus. Même moi qui suis si réservé, je lui reconnais des qualités devant lesquelles seul un cœur plus froid que le mien refuserait d'être impressionné. Il est d'une extrême générosité et, dans un certain sens, d'une naïveté choquante. Il a le charme du gars ordinaire qu'il est difficile de nier. Il est sincèrement bon et veut le bien. En raison de ses aptitudes en arts martiaux, Georges pourrait être un véritable tueur, mais ce n'est pas le cas : il est un gentleman modèle.

La juxtaposition de ses talents en arts martiaux et de son caractère chaleureux impressionne tous ceux qui le connaissent. Elle illustre une des principales caractéristiques de la structure de toutes les formes d'arts martiaux : la maîtrise de soi. Au-delà de la maîtrise de la situation la plus chaotique qui soit – un combat entre deux êtres humains –, tout contrôle des autres commence par la maîtrise de soi. Georges est ce type qui possède des habiletés considérables, mais qui ne les utiliserait jamais dans un autre contexte qu'un combat professionnel (à moins de circonstances exceptionnelles). Il manifeste donc un contrôle absolu des talents qu'il possède, ce qui, à mon avis, est la quintessence d'un athlète qui pratique les arts martiaux.

Mais je ne suis pas parfait.

Je me rappelle un combat au Centre Bell, à Montréal. Pendant que je me dirigeais vers l'octogone, j'ai regardé la foule. J'ai une bonne mémoire visuelle et je peux rejouer mentalement à peu près tous mes combats, coup par coup. Toutefois, ce qui précède immédiatement un combat est souvent pour moi une image brouillée. Ainsi, je me souviens rarement des visages des gens quand je me dirige vers l'octogone et je ne reconnais pas beaucoup de monde. Je me concentre sur ce qui va se passer.

Mais ce soir-là, je me souviens avoir vu dans les estrades un visage familier. Un homme qui portait des lunettes de soleil. Je me souviens avoir pensé: « Veux-tu bien me dire pourquoi ce gars-là porte des lunettes de soleil à l'intérieur ? Je crois que je le connais. Ah oui, c'est Luc Plamondon ! Mais qu'est-ce qu'il fait ici ? C'est bizarre. »

Ce qui est bizarre, à vrai dire, c'est que je me rappelle clairement m'être arrêté pour me poser ces questions-là jusqu'à ce que je revienne au moment présent.

« Hé ! Je vais me battre dans trois minutes. Il faut que je me ressaisisse ! »

J'ai donc détourné mon regard et j'ai poursuivi ma route. Par chance, j'ai retrouvé ma concentration et j'ai remporté le combat.

Quoi qu'il en soit, ce n'est pas le pire exemple des divagations de mon esprit dans les moments les plus mal choisis.

Au cours d'un combat de championnat (je ne vous dirai pas lequel, pour ne pas risquer d'offenser mon adversaire), j'ai complètement perdu ma concentration en pleine action.

C'était un combat très technique, pas une bataille de rue. Je me trouvais debout et je tenais mon adversaire contre la clôture. Il faut parfois de longues secondes pour amener son opposant à l'endroit idéal pour une prise de soumission ou une attaque. Quoi qu'il en soit, je me souviens qu'il était penché contre la clôture et que j'étais au-dessus de lui. J'ai regardé dans les estrades, ce qui n'était évidemment pas une bonne idée. J'ai alors remarqué une femme extrêmement belle et sexy. Je ne pouvais en détacher mes yeux, particulièrement quand je me suis rendu compte qu'il s'agissait de Cindy Crawford.

« Wow, c'est Cindy Crawford et c'est vrai qu'elle est absolument magnifique ! » J'ai continué à la fixer jusqu'à ce que j'aperçoive l'homme assis à côté d'elle. Disons qu'il n'était pas aussi séduisant et qu'il avait certainement remarqué que je regardais sa femme. Je me suis dit : « *Shit*, le mari de Cindy Crawford n'a pas l'air content ! Il est venu voir mon combat et moi, je regarde sa femme pendant que je me bats. Il faut que j'arrête ça. »

J'ai donc jeté un dernier long regard vers Cindy, parce qu'elle est VRAIMENT belle, et je suis retourné au boulot. Et j'ai gagné de nouveau. Bien sûr, c'était risqué et stupide, mais je ne pense pas que j'avais le choix. Si vous ne me croyez pas, vous n'avez certainement jamais fixé les yeux de Cindy Crawford à quelques mètres de vous…

MAÎTRE : Quand on y pense bien, Georges ne devrait pas avoir réussi. Il n'a jamais été un élève exceptionnel. Lorsque je l'ai rencontré, il occupait toutes sortes de petits emplois et rien ne semblait aller vraiment bien pour lui. Et aujourd'hui, pourtant, il a des millions d'admirateurs et connaît un succès phénoménal. C'est en grande partie parce qu'il a eu une vision très nette de ce qu'il voulait faire et où.

Beaucoup de gens ont une bonne idée de ce qu'ils veulent accomplir dans la vie, mais ils n'ont pas la discipline et la patience pour y parvenir. Ce que quiconque, peu importe s'il s'intéresse aux arts martiaux ou non, peut retenir de l'histoire de GSP, c'est le pouvoir de l'union de la vision et de la discipline. Le mariage de ces deux caractéristiques peut donner des résultats spectaculaires. Le secret, c'est la routine. Comme je l'ai déjà dit, il n'y a rien de plus chaotique qu'un combat entre deux êtres humains. On ne sait jamais à l'avance qui va gagner et qui va perdre, même s'il s'agit d'athlètes bien formés. Montrez-moi le meilleur athlète des arts martiaux mixtes au monde et il y a toujours une possibilité qu'il perde par K.-O. contre un concurrent quelconque. Dans le cas de deux personnes non entraînées, c'est le chaos total et, généralement, c'est le plus agressif (ou le plus gros) qui gagne.

La meilleure leçon que j'ai apprise à Georges a été d'aborder la vie en gardant l'œil sur les probabilités. Nous vivons dans un monde d'incertitude, et la chose la plus sensée qu'un homme puisse faire, c'est d'emmagasiner les probabilités à son avantage. Dans une certaine mesure, nous sommes tous soumis à la chance, aux circonstances, au hasard, aux aléas…, quel que soit le nom qu'on donne à l'imprévu. Quand il n'y a pas de certitude, nous devons nous efforcer de créer un ensemble de conditions qui nous permettent de générer le plus de circonstances favorables possible. La vie de Georges et le monde du combat en sont des exemples parfaits.

Hors de l'octogone, Georges est le plus exquis des gentlemen. À l'intérieur, il devient un joueur d'échecs. Les grands combattants cherchent des façons de se démarquer qui sont fort différentes. Certains sont des machines de destruction, comme Mike Tyson qui intimide et écrase ses adversaires. D'autres sont de véritables artistes, tel Anderson Silva qui a l'air de flotter dans un monde éthéré sans sembler vouloir remporter une victoire spectaculaire. Georges rappelle davantage un scientifique : il est un penseur froid et rationnel qui évalue les probabilités, cherche des façons de contrecarrer les attaques de ses adversaires avant même l'affrontement. Il cherche à maximiser l'éventualité de sa propre réussite tout en minimisant les probabilités que son adversaire fasse de même.

Le secret consiste à utiliser la puissance de l'autre. C'est comme un jeu d'échecs : les deux concurrents s'étudient et déterminent les points faibles de l'autre en trouvant des moyens de les exploiter. Voilà un exemple de la façon dont je me bats professionnellement, particulièrement lorsque je défends mon titre. J'essaie de dominer et de prendre de l'avance dans les deux premiers rounds. Quand ça se produit, si l'adversaire en a la chance, il devra s'ouvrir d'une manière ou d'une autre. On l'obligera à prendre des risques. C'est comme ça que le jeu fonctionne : quand on est le champion et qu'on mène aux points, on n'a pas à prendre de risques. L'autre oui, particulièrement parce qu'il convoite votre titre. Il doit venir et l'obtenir. Ce qui se passe généralement quand un combattant tire de l'arrière au chapitre des points par rapport à un champion, c'est qu'il s'ouvre au mauvais moment et prend une bonne raclée.

Des types comme Mayweather et Hopkins ont bien compris ça. Sugar Ray Leonard se servait de sa tête de la même façon. Il prenait rarement des risques et gagnait souvent.

Quand j'ai affronté Koscheck en 2010, je misais sur mon *jab* pour creuser mon avance et je m'attendais à ce qu'il s'ouvre. Ce n'était pas à moi de prendre des risques, mais lui ne se mouillait pas. Je ne l'aurais pas fait non plus dans sa situation. Vous pouvez dire que je suis paresseux, pour moi, c'est une victoire. Si je tire de l'arrière, je prendrai le risque, mais il faudra que l'autre m'y amène.

À mes premiers combats – contre Parisyan, par exemple –, je n'avais pas le choix. J'ai dû risquer le tout pour le tout. Je m'exposais constamment au danger. C'est comme ça quand on commence.

Par contre, j'ai beaucoup changé depuis. Je tâche de me faire frapper le moins possible. J'essaie d'amener mon adversaire à moi de sorte que je puisse décider du moment pour attaquer ou contre-attaquer une de ses faiblesses. J'utilise la position d'escrime pour me tenir loin de ses coups assassins et pour mettre en place ma propre attaque.

MAÎTRE : Et la question qui surgit, c'est : comment allez-vous contenir le chaos ? Comment se fait-il que Georges St-Pierre ait une fiche de 22-2 alors que la plupart des autres combattants ont 10-10 ? Pourquoi Georges et Anderson Silva sont-ils pratiquement invaincus ? Qu'ont-ils de différent des autres ? Comment contrôlent-ils une situation si chaotique ? Ce que j'ai toujours défendu quand j'enseignais à Georges, c'est l'approche du haut pourcentage. Réduire son risque au minimum tout en maximisant le risque de son adversaire.

Beaucoup de gens m'ont critiqué après le combat contre Koscheck. Ils étaient déçus parce qu'ils voulaient assister à un K.-O. Ils voulaient que je joue le tout pour le tout. Eh bien, je n'ai pas misé sur le knock-out et il y a une bonne raison : ce n'était pas nécessaire. Lui non plus n'a pas tenté de m'en infliger un, mais il aurait probablement dû, car il a tiré de l'arrière durant la presque totalité du combat. J'ai débuté avec un *jab* qui m'a aidé à prendre la tête. J'ai continué avec ce coup, ce qui m'a permis de tenir Koscheck à distance. Mon *jab* a si bien fonctionné que lui et moi savions qu'il aurait à prendre un gros risque pour le déjouer. Dans notre sport et à notre niveau, risque égale knock-out, et généralement pas pour le meneur. Quand on prend un risque contre moi ou Koscheck, il est fort probable que l'on sera celui qui subira le knock-out. Quand les gens comprendront mieux la science des arts martiaux mixtes, ils comprendront aussi cet aspect du combat. Par exemple, en boxe, quand on observe Hopkins ou Mayweather, on ne se plaint pas quand l'un des deux remporte un combat «scientifique». Un jour, on dira la même chose des arts martiaux mixtes.

Pour ma part, même si mes premiers combats n'étaient pas scientifiques du tout, je savais instinctivement que je devais mettre en valeur des approches et des styles différents pour réussir.

Quand j'étais jeune, j'avais déjà expérimenté un mélange de styles soudain et imprévisible (mais logique à mes yeux). Contre Spratt, par exemple, je me suis assuré qu'il ne puisse pas me donner de coups de pied et je l'ai amené au sol, chose que tout le monde m'avait dit d'éviter. Lorsque je me suis battu contre Jay Hieron, j'ai eu recours au *ground-and-pound* et quand il a cru qu'il avait déjoué mon plan, je l'ai frappé d'une droite à laquelle il ne s'attendait pas. Et quand j'ai affronté Hughes, j'ai misé sur une projection au sol hâtive et je l'ai soumis. C'était loin d'être impeccable, et encore moins digne d'un championnat, mais je connaissais mes adversaires et j'ai choisi des éléments provenant de différentes disciplines pour les confondre et les vaincre.

Le secret, pour moi, consistait à comprendre l'usage de chacune des trois attitudes du combat.

Ces trois attitudes se complètent. Elles se rencontrent et sont liées par un fil invisible. C'est le cerveau qui contrôle ce fil et opère les choix stratégiques. En résumé, voici comment mon cerveau fonctionne: amener un boxeur au sol, garder un lutteur sur ses pieds et ne jamais perdre d'énergie dans les phases de transition pour tenter d'amener quelqu'un au sol. Pensez-y. Un spécialiste dépensera beaucoup d'énergie pour vous amener vers sa position de force. Sur le plan tactique, le combattant doit gérer cette situation de façon que, même s'il n'atteint pas la zone de force de son adversaire, les réserves d'énergie de ce dernier soient épuisées. Je laisse souvent mes adversaires s'échapper d'une prise parce que je ne veux pas gaspiller d'énergie à tenter de les retenir pendant qu'ils en profitent pour reprendre leur souffle et réfléchir.

Par-dessus le marché, comme je l'ai déjà dit, je ne suis pas le genre de combattant qui se fait souvent frapper. Évidemment, j'encaisse certains coups et j'ai été blessé, mais j'essaie d'être le plus fluide possible. Une de mes qualités est d'éviter de me faire frapper violemment. Je réussis plutôt bien sur ce plan. C'est tactique et basé sur la patience. Je préfère choisir l'endroit pour pouvoir riposter par cinq coups. Mon corps est mon outil de travail et je ne veux pas l'endommager, dans la mesure du possible. Mes combattants préférés sont des gars comme Hopkins, qui monte encore dans le ring à plus de 40 ans parce qu'il a su contrôler les gros coups qu'il a reçus et amoindrir leur impact à long terme. Il peut endurer des coups. Il s'agit de savoir les absorber, de bouger constamment et de se tenir éloigné de l'axe de frappe. En fait, simplement de se tenir loin. On reçoit parfois un coup indirect. On roule, on reste fluide et on ne se tient jamais directement devant son adversaire.

MAÎTRE : Georges est un homme qui appartient à deux univers. Il a appris (et continue à apprendre) les arts martiaux traditionnels : la lutte, le jiu-jitsu brésilien, le muay thaï, etc. Mais ce qui importe davantage, c'est qu'il a transcendé ces disciplines lorsqu'il s'est lancé dans les arts martiaux mixtes. C'est à partir de cette époque qu'il a déployé sa créativité, son innovation. C'est là qu'il est allé au-delà de l'influence de ses professeurs pour devenir maître lui-même. Il est devenu le maître de quelque chose qu'aucun de ses propres maîtres ne connaissait. Georges est l'une des personnes les plus créatives et inventives que j'aie jamais rencontrées.

Quand on analyse Georges dans sa pratique des arts martiaux, on doit tenir compte de ses vues sur le monde. Au plus profond, il est ancré dans la théorie de l'évolution. C'est pourquoi il est obsédé par l'étude des anciennes formes de vie, par la paléontologie. Il est fasciné par l'étude de ceux qui ont survécu et de ceux qui ont disparu. Il conçoit la vie sous l'angle du darwinisme : tout est une lutte pour gagner des ressources limitées. Autrement dit, toute forme de vie est une compétition. Et il n'existe pas de meilleure métaphore pour la compétition que la vie d'un combattant. C'est une lutte pour une ressource très rare : une ceinture de championnat. La lutte est intense et darwinienne à l'extrême. Il faut continuer à évoluer, à aller de l'avant.

Un ami m'a déjà dit qu'il n'aime pas les films d'horreur. Je lui ai demandé pourquoi et il m'a répondu : « Parce qu'ils font peur. »

Son explication a du sens. Il ne laisse pas la peur pénétrer dans son imaginaire et, par le fait même, dans sa vie. J'essaie de faire la même chose parce que, en toute honnêteté, j'ai déjà une imagination fertile, elle n'a pas besoin des idées d'un autre pour déclencher d'autres craintes imaginaires. La peur et les gens qui la diffusent me vident de mon énergie.

Ça peut sembler banal, mais il faut conserver son emprise sur ceux qu'on laisse entrer dans notre cercle intime et sur l'environnement qu'on se crée.

Tout juste avant mon premier combat contre Matt Hughes, l'atmosphère était incroyablement inquiétante. Les gens me regardaient comme si c'était la dernière fois qu'ils allaient me voir, comme si j'étais sur le point de subir une grosse chirurgie ou de partir pour la guerre. Et pour empirer la situation, je voyais plein de reportages télévisés sur Matt Hughes à différentes chaînes. C'est comme s'il était partout. Comme si toutes les chaînes montraient mon idole jeter des gens au sol. J'étais déjà extrêmement nerveux et tous les gens de mon entourage qui tentaient de me « consoler » empiraient la situation. Puis, ils voyaient marcher Hughes, le montraient du doigt et soupiraient: « C'est lui, c'est Hughes ! C'est le champion ! »

Mon père s'est penché près de moi en posant une main « rassurante » sur mon épaule, m'a regardé dans les yeux et a chuchoté: « Ça va bien aller. »

En bref, nous étions assez prêts à nous battre pour la ceinture, mais j'ai appris que je ferais mieux de maîtriser mon environnement avant un gros combat.

Dans les jours qui précèdent, je dois m'entourer d'autres combattants, de personnes qui comprennent ce que je fais pour gagner ma vie, parce qu'à côté d'eux je me sens normal et j'en ai besoin à cause de ce que mon esprit est sur le point d'exiger de mon corps. Les jours de combat sont particulièrement étranges. On se sent bizarre et même l'air semble différent, comme s'il savait ce qui va se passer. Ce doit être l'énergie, les conflits, les attentes. Oui, c'est le chaos. Chaque moment semble si sérieux, si lourd.

MAÎTRE : L'objectif le plus cher au cœur de Georges est d'être considéré comme le plus grand athlète des arts martiaux de tous les temps. C'est un but noble et je suis heureux qu'il l'ait fixé, mais il est aussi très difficile à atteindre. Tout devient très subjectif, particulièrement quand on change de catégorie de poids, ce sur quoi je ne suis pas vraiment d'accord. L'objectif le plus concret est d'être le meilleur de sa catégorie. Pas de discours, que de l'action. On se bat vraiment avec des gens. On ne chipote pas en disant : « Ce type était plus costaud, celui-là était plus chétif. »

Dans ma carrière, j'ai notamment appris que notre esprit recueille toutes sortes d'informations que notre conscience nous tait. On doit s'exercer à reconnaître et à traiter ces informations parce qu'elles sont d'une importance capitale.

Voici un exemple : je simulais un combat avec un gars plus petit que moi, mais qui avait une très longue portée. Je ne l'ai pas remarqué sur-le-champ, mais, pendant qu'on s'exerçait, je recevais sans cesse ses *jabs* et je me suis mis à douter de ma propre efficacité et de ma défensive. Je me suis rendu compte un peu plus tard, lorsque nous nous sommes serré la main, qu'il avait vraiment de longs bras. Mon esprit n'a pas saisi tout de suite, ce qui explique pourquoi je me tenais trop près de lui, pourquoi il atteignait sans cesse mon visage. Mon esprit avait enregistré sa taille, mais avait sous-estimé sa portée.

La leçon est celle-ci : on peut découvrir des choses en serrant la main de son adversaire, comme sa portée. On ne doit jamais baser sa distance strictement sur la taille de l'adversaire, il faut aussi tenir compte de sa portée. La dernière chose que l'on souhaite, c'est un adversaire armé d'une plus longue épée…

MAÎTRE : Je suis professeur de jiu-jitsu brésilien, mais je ne veux pas que Georges continue à se battre pour toujours. C'est difficile pour lui de se battre. La plupart des gens que j'entraîne adorent les combats. Georges, lui, adore s'entraîner, mais il aime beaucoup moins se battre. Les combats sont stressants et difficiles pour lui. Il n'aime pas ça. Il n'éprouve aucun plaisir à entrer dans l'octogone et à se battre avec un autre homme, tandis que je dois retenir certaines personnes que j'entraîne parce qu'elles sont avides de faire face à un public et de démontrer leurs talents. Georges n'est pas comme ça, il ne l'a jamais été non plus. C'est vraiment un déchirement pour lui de monter dans l'octogone. Le voir se battre à l'âge de 45 ans ne serait pas approprié. Il aura besoin d'un changement de carrière.

Je crois que si Georges pouvait vivre comme maintenant sans avoir à se battre, il choisirait cette option. Dans l'état actuel des choses, il doit monter dans l'octogone. Cela ne facilite pas le combat, cela le distrait plutôt. Le simple geste de sortir est ardu. Il est une grande figure du Canada et il porte les espoirs de son pays. C'est beaucoup pour les épaules d'un seul homme.

Le public des arts martiaux mixtes est très capricieux. Si on essuie deux défaites de suite, on devient un moins que rien et un *has been*, et toutes les victoires précédentes sont vues comme le fruit du hasard. C'est un monde violent. C'est darwinien. C'est un monde d'une violence « évolutionniste ». Voudriez-vous faire ça le reste de vos jours ? Aimeriez-vous ça ? Je ne sais pas...

Perdre dans l'octogone est vraiment déprimant, parce que ça se produit devant des milliers de personnes en délire, sous un éclairage cru et devant les caméras HD qui captent le moindre angle tandis que des millions de téléspectateurs regardent le combat à la maison et dans les bars. Il y a la

famille, les amis, les entraîneurs et les compagnons d'entraînement, et c'est comme si je les laissais tous tomber. C'est
horrible, gênant, humiliant et, ce qui est pire, physiquement
douloureux. C'est étrange : un coup de poing au visage fait
moins mal quand on gagne que quand on perd.

Je vois aussi l'impact de la défaite sur tous mes admirateurs. Je lis à ce sujet et j'en entends parler par eux directement. Certains de mes fans dépensent des milliers de dollars
pour venir à mes combats en avion. Je déteste les laisser
tomber, vraiment.

Perdre devient tolérable seulement lorsqu'on peut
objectivement trouver des façons d'apprendre de ses erreurs.
Aimer perdre s'acquiert plus tard, beaucoup plus tard,
quand je suis seul dans une pièce et que je repasse la moindre
étape de ce qui s'est produit et pourquoi. Perdre, c'est bon
quand je peux en disséquer les causes, ce qui pave la voie à
la découverte de solutions. C'est à ce moment que les choses
deviennent intéressantes.

Tout juste après que j'ai déchiré mon ligament croisé
antérieur, en décembre 2011, le titre de champion intérimaire de l'UFC a été décerné à Carlos Condit après sa victoire contre Nick Diaz. Carlos l'avait mérité. J'ai perdu plus
que le titre incontesté des mi-moyens, par contre. J'ai perdu
beaucoup d'argent, des amis pour une raison quelconque et
probablement quelques admirateurs. Mais j'ai gagné beaucoup plus que je n'ai perdu. J'ai acquis des connaissances – sur
moi, sur le monde et sur les gens de mon entourage, ce qui
m'amène au sujet des victoires à la Pyrrhus.

Une victoire à la Pyrrhus coûte tant au vainqueur que
gagner de nouveau de cette façon entraînera une grande
défaite. L'expression fait allusion à une bataille gagnée
contre les Romains, au IIIe siècle avant Jésus-Christ, mais

qui avait coûté au roi la plupart de ses hommes. Une autre victoire comme celle-là, aurait dit Pyrrhus Ier, roi d'Épire, « et je rentrerai seul à la maison ».

Ça signifie que vous devez calculer le coût de la victoire chaque fois que vous livrez un combat – dans l'octogone comme dans la vraie vie. L'exemple le plus simple est une dispute avec son amoureuse. Parfois, on veut avoir raison à un point tel qu'on dira n'importe quoi. Mais est-ce que ça en vaut la peine si l'on blesse d'autres personnes ? Et si elle partait de la maison à cause d'une stupide dispute ?

Je préfère de loin les défaites à la Pyrrhus, si un tel « renversement » de situation est possible. On perd, mais on apprend tant qu'au bout du compte on y gagne. Je crois que nos plus belles victoires dans la vie sont cachées derrière nos plus grosses défaites. À mon premier combat contre Matt Hughes, j'étais intimidé, je ne pouvais pas le regarder dans les yeux. J'ai perdu alors qu'il restait un seul « tic » au premier round. Mais, en réalité, j'avais perdu bien avant.

* * *

La veille du combat, alors que je devais perdre du poids pour la pesée officielle, je suis allé au sauna et j'y ai croisé Hughes. Il m'a dit : « Allô, Georges », de sa voix profonde. Il m'a vraiment fait peur. Je pouvais à peine le saluer et encore moins engager la conversation. Alors, je me suis simplement assis. Peu après, ne tolérant plus la chaleur, je suis sorti. Mes entraîneurs m'attendaient et, avec leurs cartes de crédit, ont raclé la sueur qui perlait sur mon corps, croyant que ça m'aiderait à perdre du poids. On essayait d'évacuer plus d'eau de mes pores et on s'imaginait que les petites cartes de plastique nous aideraient. C'était un cauchemar d'organisation. On ne savait rien. Hughes nous observait et riait probablement dans sa barbe en voyant les débutants que nous étions.

C'était vraiment au début de ma carrière et, tout à coup, me voilà la veille d'un combat de championnat du monde à me faire racler la peau avec des cartes de crédit.

* * *

J'ai changé depuis ce combat. J'ai appris à traiter les combattants équitablement, avec respect, mais sans les considérer comme supérieurs à moi. Au cours de mon premier combat contre Hughes, il y a eu un moment où je me suis rendu compte que je pouvais le battre. Je le maîtrisais, je contrôlais le rythme de nos mouvements et je me suis dit : « Wow ! C'est Matt Hughes, et je suis en contrôle et ce n'est pas trop difficile et je sais comment je peux le battre. » Je n'ai pas gagné, cette fois-là, mais j'ai appris que je le pourrais un jour, moyennant des efforts et une bonne stratégie.

MAÎTRE : Qu'est-ce qu'une personne ordinaire peut apprendre de Georges qui pourrait lui profiter ? En y pensant bien, c'est absurde de se demander ce qu'un type qui fait du neuf à cinq dans une banque peut apprendre d'un athlète qui mène une vie aussi extrême que Georges, qui se prépare pour la guerre et la bataille contre un « tueur » en cage expérimenté, devant des millions de gens. Ce sont deux univers tout à fait différents. Georges se lève à 11 heures tous les matins, s'entraîne durant 8 heures, puis se couche à 2 heures de la nuit. Il vit dans un monde étrange qui n'a rien à voir avec l'existence d'un citoyen ordinaire.

Mais n'oubliez pas une chose : longtemps avant de devenir GSP, il n'était que Georges St-Pierre, tout simplement.

> Il était un garçon solitaire qui ne parlait pas anglais et qui est descendu d'un autobus en provenance de Montréal pour s'entraîner dans l'un des plus prestigieux gymnases de jiu-jitsu brésilien. C'est là qu'on reconnaît un futur champion.

La frontière entre champion et aspirant au titre est une chose étrange. Je ne l'ai pas vue immédiatement lorsque je l'ai franchie pour la première fois. Je ne comprenais pas ce qu'elle signifiait. J'ai commencé à comprendre ce dont il s'agissait et où elle se trouvait après avoir perdu mon titre la première fois. Je l'ai vue à mon retour et je me suis rendu compte qu'elle est intangible ; on ne peut pas s'y accrocher de façon permanente parce que ce n'est pas une ligne droite, elle est constamment en mouvement et elle choisit d'être transparente quand elle le souhaite, et non quand on le veut.

L'âge est un facteur pour tout. Une bonne génétique est un atout, bien entendu, mais le talent est souvent surévalué. La plupart des champions ont entrepris l'apprentissage de leur sport à un très jeune âge – que ce soit le karaté, la lutte, le tennis ou autre – et ils avaient la rare discipline de ne se concentrer que sur des sports qui ont des points en commun, comme le karaté et la lutte, le soccer et le basketball, ou même l'aviron et le kayak, par exemple.

Je rencontre souvent des petits frères et des petites sœurs qui réussissent parce qu'ils passent littéralement des années à vouloir (et à souhaiter ardemment) rattraper leurs aînés et leurs amis. Quand on est le petit frère de quelqu'un, on se retrouve souvent en train de chercher à réaliser les rêves des plus vieux, à être choisi le dernier pour jouer, à jouer contre des enfants plus vieux et plus forts, ce qui se révèle bon pour soi au bout du compte. Dès leur plus jeune âge, les petites sœurs et les petits frères sont désavantagés : ils doivent s'améliorer et constamment pourchasser les autres, et ils comprennent immédiatement ce qui motive les moyens. Tout ça parce qu'ils veulent, qu'ils doivent, être acceptés.

Un autre élément important pour devenir un champion a tout à voir avec la chance. Il s'agit de la chance du champion qui se rapporte au temps, au choix du moment. J'avoue que j'ai provoqué de nombreuses occasions qui se sont présentées à moi, mais elles n'auraient pas signifié grand-chose *si je n'avais pas rencontré les bonnes personnes au bon moment*.

Puis, bien entendu, il y a un élément que l'on peut contrôler, et c'est l'éthique de travail. Rodolphe a un beau proverbe à ce sujet : *Le génie est fait d'un dixième d'inspiration et de neuf dixièmes de transpiration*.

MAÎTRE : Même à cette époque, dans son anglais approximatif, il me parlait de devenir champion de l'UFC. C'était clair comme de l'eau de roche pour lui. Quand il se regardait dans le miroir, il voyait un futur champion. Il avait la volonté et la patience de s'accorder le temps de faire ce qu'il fallait. Ce n'était pas un rêve vide.

Un autre ingrédient fondamental pour devenir champion, c'est de croire en soi. La confiance, la certitude profonde qu'on peut y arriver, est essentielle, mais aussi son contraire, le manque de confiance, que nous communiquent les gens qui doutent qu'on y parvienne. Ces gens sont aussi très importants parce que ce sont eux qui nous poussent à travailler, même quand on n'en a pas envie.

Les incrédules se trouvent partout. Certains sont bons pour nous, d'autres non parce que ce sont des jaloux. Mon père est un type de *bon* incrédule. Il m'a dit que c'était impossible, que je ne deviendrais jamais champion du monde. Il pensait que les champions d'arts martiaux mixtes étaient des surhommes et il n'avait tout simplement jamais vu le meilleur côté de ma personnalité.

Je lui ai prouvé le contraire et je continue. Personne ne me croyait au début, personne sauf moi, et même moi, je doutais parfois. J'avais peur de me tromper. Puis, j'ai rencontré Kristof et d'autres, qui m'ont montré qu'il s'agit d'inventer la vie, de prendre nos forces et d'en faire quelque chose, d'utiliser nos outils de la bonne façon. Je peux vous demander de former un triangle avec trois tiges, mais pas un carré. J'avais des prédispositions génétiques, mais John Danaher vous dira qu'il a rencontré des athlètes plus doués. Certaines difficultés que j'ai subies durant mon enfance m'ont inculqué une rage qui m'a donné du courage au début, à mes premiers combats. Par contre, j'ai acquis très tôt une éthique de travail, de la discipline, et j'ai compris l'avantage d'écouter ceux qui en savent plus que moi.

MAÎTRE : Je suis le plus jeune de ma famille et, dans un certain sens, Georges est le petit frère que je n'ai jamais eu. Et moi, je suis le grand frère qu'il n'a jamais eu. Parfois, je le regarde et je vois le même garçon naïf que j'ai rencontré il y a 10 ans. Cela peut être une calamité dans les relations d'affaires, notamment, mais c'est aussi ce qui le distingue et fait son charme. Il a changé à certains égards. La plupart des gens sont motivés par leurs propres intérêts et maintenant il comprend bien cela. Il a appris des leçons douloureuses au cours de sa vie. Il possède toujours ce charme terre à terre du gars de la campagne. Il est loin d'être aussi naïf qu'il l'a déjà été et il a vu ce qu'il y a de plus sombre dans l'esprit de certains hommes.

Montrez-moi 100 personnes et je vous en désignerai 99 qui caressent un rêve vide, irréaliste. Georges ne s'est pas contenté d'avoir un rêve, il s'est doté d'un plan d'action pour favoriser les circonstances qui permettraient la réalisation de ce rêve. Les rêves à eux seuls ne sont d'aucune utilité, mais si on les associe à un plan d'action réaliste, ils permettent d'obtenir des résultats, et c'est exactement ce que Georges a fait dès le début. Vous avez vu ce plan d'action : monter dans un autobus à Montréal en plein hiver pour se rendre dans un gymnase de New York, passer des nuits à côté de lunatiques fumeurs de pot et leur disputer une place pour s'allonger. C'était un plan de fou, mais il a fini par devenir réalité. À la fin, Georges St-Pierre est le seul de mes élèves qui m'en a appris plus que ce que je lui ai enseigné.

En définitive, je fais ce que j'aime. Autrement, les ceintures de championnat n'ont aucune importance.

LIVRE 4

SAGE

Le livre de l'homme debout

AVEC

FIRAS ZAHABI,
ENTRAÎNEUR

Un coup de poing part des pieds

L es pieds constituent la partie la plus puissante et la plus importante de mon corps. Pourtant, pendant la plus grande partie de ma vie, je les ai négligés. Pendant la plus grande partie de ma vie, mes pieds étaient morts. En fait, jusqu'à ce que je doive me faire opérer au genou.

Mes pieds me permettent de garder l'équilibre, de me centrer, et représentent tout ce que je défends – aux sens propre et figuré. Mes pieds sont la source de ma puissance. Ils sont le commencement.

Toutefois, pendant de longues années de formation, durant des années et des années de répétitions et d'exercices, ils m'ont été pratiquement inutiles. Quand j'étais jeune, je marchais sur la pointe des pieds, ce qui m'a amené, au fil des ans, à marcher les pieds pointés vers l'extérieur, comme un canard. Conséquence : je perdais de la puissance. Je perdais aussi de l'impulsion et de l'équilibre.

J'ai laissé tomber mes pieds. On le fait tous, mais, dans ma situation, c'est important que j'aie changé cette attitude.

Ça n'a jamais été aussi évident que lorsque j'ai battu Matt Hughes, lors de la conquête du titre de champion intérimaire. On boxait depuis le début du combat et, à un moment, lorsqu'il s'est baissé, je l'ai atteint à la tête avec un coup de pied qui l'a fait tomber, complètement sonné.

Cette vérité au sujet des pieds et de leur puissance est si ancienne que la plupart des êtres humains ont oublié l'existence de cette partie de leur corps. Nous sommes trop occupés à porter des chaussures toujours plus confortables – des souliers qui, croyons-nous, soutiennent notre poids – pour penser à la signification de nos pieds, à leurs fonctions dans notre vie. Mais la vérité est bien différente parce que, sans pieds adéquats, il est impossible de frapper, de s'élancer, d'esquiver ou même de faire un mouvement de base.

Jusqu'à l'invention des sandales et des souliers, les humains avaient toujours marché nu-pieds. Nous étions, et nous sommes toujours, des primates. Que ça nous plaise ou non, nos parents les plus proches sont les grands singes. Et dans le passé, comme les grands singes, nous allions pieds nus, ce qui nous donnait plus de sensations de contrôle. Nos pieds étaient de meilleurs outils, comme le sont nos mains aujourd'hui.

Bien que nous soyons, pour la plupart, plus à l'aise avec une de nos deux mains, nous savons que nous pouvons nous entraîner à devenir ambidextres. Le grand joueur de basket-ball Larry Bird pouvait dribbler le ballon indifféremment de la droite et de la gauche dès l'âge de quatre ans. Tim Raines, le grand joueur de champ des Expos, était l'un des meilleurs de tous les temps à pouvoir frapper des deux côtés du marbre. Léonard de Vinci et Michel-Ange utilisaient eux aussi leurs deux mains indifféremment. Ce n'est pas simplement une coïncidence ni un cadeau du ciel. Ce sont des années d'entraînement et de perfectionnement, combinées à une amélioration sans fin des aptitudes. Si c'est possible pour nos mains, pourquoi ne pas nous exercer davantage avec nos pieds ?

Les chaussures tuent les sensations dans nos pieds, ce qui altère leur stabilité. On commence à compenser le manque d'équilibre avec les genoux, puis avec les hanches et d'autres parties du corps. Ce n'est pas bon. C'est même néfaste, parce que cette situation entraîne différentes affections des articulations et de l'ossature, qui évoluent avec le temps.

Saviez-vous que nos orteils et nos pieds peuvent nous aider plus que tout le reste du corps à conserver notre équilibre ? Ils nous tiennent centrés. Chacun de nos mouvements prend naissance dans nos pieds, qui sont la genèse de tous les mouvements, particulièrement en arts martiaux mixtes. C'est de là que provient la plus grande part de notre puissance.

Pensez-y et essayez ceci : si vos pieds sont en mauvaise position, comment pouvez-vous changer de direction efficacement ? Il vous faudra, en premier lieu, déplacer un pied, puis y appliquer de la pression pour générer du mouvement, déplacer l'autre pied, et après seulement vous pourrez générer de la puissance ou de la vitesse. Ça ressemble beaucoup à de la marche, je sais. Sauf que, dans l'octogone, sur le terrain de basketball ou le court de tennis, ou encore lorsque nous courons après une balle ou tentons de déjouer un adversaire, marcher n'est pas une solution. Se déplacer en déséquilibre prend du temps et fait gaspiller de l'énergie. En nous assurant d'avoir, dès le départ, la position appropriée, nous gagnons du temps, nous économisons de l'énergie et nous maximisons notre puissance.

Dans la plupart des situations, je ne peux me permettre de perdre ne serait-ce qu'une fraction de seconde. C'est ce qui arrive quand on s'améliore : notre marge d'erreur diminue. Plus on s'améliore, moins il y a de place pour l'erreur. Dans mon sport, une fraction de seconde peut faire la différence entre un athlète rapide et un athlète considéré comme lent. Entre la victoire et la défaite. Entre le champion et le *has been*.

J'avais l'habitude de soulever des poids de toutes sortes avec mes jambes pour les faire travailler, mais jamais je n'avais réellement pensé à mes pieds. D'une certaine manière, ils étaient morts. Je n'avais aucune sensation. Cette époque est révolue. Depuis que j'ai entrepris ma réadaptation pour mon genou, je travaille avec mes pieds. Pourquoi ?

Eh bien, comme le croyaient les Grecs de l'Antiquité, mon âme se trouve dans mes pieds.

Les êtres humains ont porté des chaussures (il s'agissait de sandales) pour la première fois il y a environ 10 000 ans, selon les historiens. Puisque l'Homme (*Homo sapiens*) marche depuis 200 000 ans, on ne risque pas de se tromper en affirmant qu'il s'agit d'une invention relativement récente.

Je crois que les humains étaient beaucoup plus « connectés » à la terre avant l'invention de la chaussure. Comme tant d'autres aspects de la vie moderne, nous sommes débranchés de la planète où nous vivons.

Pensez-y : nos pieds comptent plus de 7 200 terminaisons nerveuses. Ainsi, notre cerveau (que l'on peut comparer à un ordinateur) reçoit des informations provenant de 7 200 sources situées sur la plante des deux pieds. Le cerveau commande les pieds, il les guide au bon endroit. Il crée l'équilibre.

Pourtant, chaque fois que l'on porte des chaussures ou des sandales, on rompt cette connexion avec le sol. On perd des informations et des données importantes. Notre circuit d'information est coupé et notre potentiel de puissance est affaibli. Ça ne changera pas nécessairement la vie d'une personne assise devant son ordinateur toute la journée, mais tous ceux qui pratiquent une activité physique y verront une différence.

C'est pourquoi il m'apparaît maintenant contraire au bon sens de m'entraîner autrement que pieds nus.

J'ai commencé ça pendant la réadaptation pour mon genou. J'ai commencé à étudier ce que les entraîneurs et les athlètes olympiques russes font depuis le début des années 1950, comme s'entraîner pieds nus. Je me disais : « Si je dois changer ma façon d'utiliser mes pieds et de les faire travailler, je veux savoir comment faisaient les autres avant moi. Si je peux tirer des leçons de leurs erreurs, mon parcours vers les connaissances importantes sera plus court. »

Il existe toutes sortes d'histoires intéressantes relatives aux pieds. Les dieux grecs étaient toujours représentés les pieds nus. Les religions – l'islam, le christianisme, le judaïsme ou le bouddhisme – ont toutes des rituels et des croyances selon lesquelles aller pieds nus est supérieur, particulièrement pour des besoins de purification. On trouve probablement en art les plus beaux exemples de la façon dont les pieds expriment l'humanité, notamment dans les pattes tordues, à sabots ou tournées dans la mauvaise direction des démons ou les pieds nus des anges.

Dans bon nombre de cultures, le pied représente l'âme, ce qui a beaucoup de sens quand on y pense bien, puisqu'il soutient la totalité du poids du corps en position verticale.

Le pied symbolise beaucoup de choses, notamment, sur le plan spirituel, notre individualité. Lorsqu'on laisse une trace de pas quelque part, on révèle quelque chose sur nous, sur le chemin de vie que nous avons choisi et sur l'endroit que nous avons quitté. La trace nous relie à l'histoire de notre vie – un pas à la fois – jusqu'au présent. Et n'oubliez pas ceci : nous avançons tous vers un lieu qui représente ce que nous nous imaginons vouloir être à l'avenir. C'est peut-être pour cette raison que les bouddhistes vénèrent ce qu'ils croient être les pas de Bouddha. Ils aiment imaginer les endroits où il s'est rendu à pied pour s'inspirer de son chemin.

La vérité élémentaire, c'est que les pieds sont à la base de la posture : ils déterminent notre façon de nous tenir. Ils jouent un rôle, que l'on soit penché ou debout bien droit, les épaules vers l'arrière. Les gens ne voient pas nécessairement nos pieds (notre base), mais notre façon de nous présenter influe assurément sur leurs perceptions de nous. On dit que les gens jugent les autres principalement en interprétant leur langage corporel. C'est une autre raison pour laquelle les pieds sont si importants. Ils ont leur rôle majeur dans des disciplines de toutes sortes : le kung-fu, le karaté, la savate, le muay thaï et le jiu-jitsu brésilien, mais aussi dans la méditation sur les chakras, la réflexologie, le taï chi et, tout simplement, la marche.

Vous croyez peut-être que tout ça est légèrement excentrique. Dans notre monde moderne où l'on porte des chaussures à semelles épaisses depuis des années pour aller partout et faire toutes sortes de choses, on peut trouver que c'est un brin excentrique de faire davantage de choses pieds nus. Ne vous y trompez pas : vous ne me verrez pas arpenter la rue Sainte-Catherine, au centre-ville de Montréal, pieds nus. Et il y a aussi la saleté...

J'ai dit plus haut que les êtres humains marchent depuis environ 200 000 ans, mais leurs ancêtres, eux, sont apparus il y a plus de 4 millions d'années. Il a donc fallu 3 800 000 années pour que le pied humain évolue jusqu'à sa forme à peu près actuelle. Et en quelques milliers d'années, par le biais d'un seul objet – le soulier –, nous avons changé dramatiquement le cours des choses et modifié la forme et l'usage de nos pieds.

Et pourtant, il y a beaucoup plus à dire sur les pieds que de raconter leur histoire.

Certains diront : « Georges, j'ai mal aux talons quand je cours. » C'est parce que vos talons ne sont pas censés heurter le sol, même si vous portez des chaussures. Toute cette théorie qui commande de frapper le sol avec les talons est une erreur et est contre-productive.

Le pied humain est une merveilleuse œuvre d'ingénierie. Si l'on compare nos pieds à ceux d'autres êtres vivants, ils sont extraordinaires par la seule façon dont les os et les muscles sont assemblés et par leur évolution au fil du temps. Les chaussures les contraignent et nous empêchent de les développer à leur plein potentiel.

Pendant longtemps, j'ai ignoré le développement de mes pieds. Malgré ça, j'ai toujours été bien positionné dans l'octogone pour la plupart de mes combats. Dans ma position, mes talons ne touchent pratiquement jamais le sol, sauf quand je me repose. Ainsi, le poids de mon corps se trouve concentré dans la partie antérieure de la plante des pieds, ce qui me donne un avantage sur la plupart de mes adversaires : je suis prêt en tout temps à exploser ou à changer de direction.

Essayez de sauter haut. On n'y parvient pas à partir des talons, mais plutôt à partir de l'avant du pied. Si l'on se tient bien en équilibre sur cette partie, on ne perd pas de temps à déplacer notre poids. On y va immédiatement. On gagne du temps. Une fraction de seconde, c'est une vie. Beaucoup d'autres athlètes se tiennent droit, en particulier ceux qui pratiquent le muay thaï. Reconnaître ce fait a eu une grande importance pour moi, ça m'a procuré un atout.

* * *

Beaucoup de choses ont changé depuis le début de ma carrière. Quand je pense à mon premier combat contre Matt Hughes, je vois une personne bien différente, un autre athlète, en fait. Premièrement, j'étais vraiment donné perdant. Matt était de loin le meilleur combattant, une véritable légende dans tous les sens du terme, et quelqu'un que j'admirais pour toutes sortes de raisons. Dans mon esprit, il était, livre pour livre, le meilleur combattant au monde.

Je n'étais qu'un petit jeune, mais qui pouvait arracher le titre des mains de son idole.

Je venais de commencer à travailler avec Firas et je n'avais pratiquement aucune ressource pour me préparer au combat de championnat. Jusque-là, je m'entraînais seulement à temps partiel, parce que je devais gagner de l'argent pour payer mon loyer et mon auto. Je n'avais aucun partenaire d'entraînement, de rares professeurs et, à 1,7 mètre pour 55 kilos, Firas n'était pas le partenaire idéal pour jouer le rôle de Matt Hughes dans les simulations de combat.

À l'époque, Firas et moi allions travailler au gymnase Tristar, qui était beaucoup plus petit. Mon approche n'avait rien de « scientifique ». Personne ne croyait que nous avions la moindre chance de l'emporter et, pour être honnête, j'ignorais moi-même si je pouvais gagner.

Une chose, par contre, faisait l'unanimité : si je le battais, la victoire n'allait pas être facile. J'espérais qu'il commettrait une erreur. En fait, je n'avais pas vraiment de stratégie pour ce premier combat contre Matt Hughes. Je comptais sur la chance. J'imaginais un coup de genou bien placé. Je me voyais le surprendre, lui et tout le monde. Je faisais face au risque.

Aujourd'hui, mes camps d'entraînement sont complètement différents. Nous avons des combattants qui jouent différents rôles, des partenaires et des entraîneurs qui viennent de partout dans le monde pour partager leur expertise, alors qu'à l'époque personne ne voulait s'approcher de moi. Pour un entraîneur reconnu, Georges St-Pierre ne justifiait pas un déplacement parce que, de toute façon, Matt Hughes allait le démolir. Dans l'octogone, avant même le début du combat, je ne pouvais pas le regarder dans les yeux. En plus d'être intimidé, je me sentais rapetisser devant lui.

SAGE : Je vois Georges comme une fourmi. Tout ce qu'il fait, son mode de vie, le sens de son existence, rappelle cet insecte. Premièrement, Georges est toujours en train d'aller quelque part, il a toujours un endroit où aller. Il n'arrête jamais de bouger, de faire des choses qui le rapprocheront de son objectif, quel qu'il soit, parce qu'il fait partie d'un tout plus large.

Une des principales raisons pour lesquelles Firas est mon entraîneur à plein temps, c'est qu'il organise ma préparation. Je le connais depuis longtemps et, avant qu'il devienne mon compagnon d'entraînement, j'avais travaillé avec son frère Ahmad, un as du jiu-jitsu brésilien et titulaire d'un doctorat ! Je savais qu'il venait d'un cercle de gens bons, honnêtes, travaillants et intelligents. Nous avons eu de très bons combats l'un contre l'autre à l'entraînement. Il a atteint un niveau extrêmement élevé en arts martiaux et il est vraiment très bon. Il excelle dans tout, il est l'un des combattants les plus complets que j'aie rencontrés et pourtant, il ne s'est jamais battu au niveau des professionnels. Il est exceptionnel dans l'ensemble et bien meilleur que beaucoup d'athlètes que j'ai croisés dans le ring. Il ressemble à Pai Mei, un personnage des films *Kill Bill* de Quentin Tarantino. Il est le maître qui ne se bat pas, mais qui enseigne aux combattants Shaolin. C'est d'ailleurs son surnom au gym Tristar: «Pai Mei». Il a cette qualité de sembler avoir réponse à tout et peut trouver des moyens de vous surprendre et de vous enseigner de nouvelles choses.

SAGE: Georges est indéniablement en mission et il prouve constamment qu'il peut porter plus que sa part sur ses épaules. Comme une fourmi, la seule façon de l'arrêter, c'est de le tuer. Il n'a aucun doute, n'hésite jamais, n'est pas confus, ne remet rien en question. Les obstacles gros ou petits ne le feront jamais dévier de son objectif. Il trouve toujours un moyen d'y parvenir.

Firas et moi discutons souvent du fait que les arts martiaux mixtes progressent et deviennent plus «intelligents» et que les grands athlètes de ce sport sont plus petits et physiquement moins puissants. Ils misent beaucoup moins sur leurs muscles. Avec le temps, les prochaines générations miseront probablement beaucoup moins sur la puissance physique et davantage sur l'aspect «arts» des arts martiaux. Le jiu-jitsu brésilien n'existe que depuis environ 75 ans, ce qui est très jeune pour une discipline de combat. C'est pourquoi on doit partager notre savoir. C'est là un des plaisirs de la vie: échanger avec ses pairs, discuter techniques et stratégies, faire partie de son histoire, son récit.

* * *

Avant mon premier combat de l'UFC, mon équipe et moi nous trouvions dans un sous-sol de l'hôtel Mandalay Bay, à Las Vegas. J'étais un moins que rien, un moins que rien entouré d'autres moins que rien dans un lieu minuscule. Le vestiaire était occupé par d'énormes «machines» qui avaient fait les beaux jours des arts martiaux mixtes. Ils étaient une demi-douzaine d'armoires à glace mesurant près de 2 mètres et pesant tous plus de 100 kilos qui criaient et se préparaient mentalement pour leurs combats. Ricco Rodriguez, Wes Sims, Kevin Randleman, Bill Goldberg, Mark Coleman, leurs équipes, mes deux compagnons et moi-même nous entassions dans une pièce à peine plus grande qu'une petite cuisine. Tout un *party* !

Une meute de tueurs surdimensionnés qui criaient et se poussaient. J'avais les yeux grands ouverts et j'étais sur le point de perdre la tête. En observant Mark Coleman, le champion du Pride Fighting, je me disais : « Wow, Coleman est dans mon vestiaire ! » On croyait que son équipe et lui agiraient en professionnels modèles, mais, pendant que je m'échauffais dans les toilettes – je faisais des *jumping jacks* directement devant le bol de toilette parce que c'était le seul espace qui me restait –, ils se préparaient en poussant des cris :

« *YEAHHH ! THAT'S WHAT WE DO FOR A LIVING, BUST PEOPLE UP ! YEAH !* » (Ouais ! C'est ça qu'on fait pour gagner sa vie : on massacre du monde ! Ouais !)

Alors que je finissais mes exercices, le légendaire Burt Watson a donné un coup de pied dans la porte du vestiaire et a hurlé à pleins poumons : « *ST-PIERRE ! YOU'RE UP NEXT !* » (St-Pierre ! C'est toi le prochain !) Je ne savais pas ce qui se passait. C'était mon premier combat à Las Vegas et je n'étais jamais allé sur cette planète.

Je suis monté dans l'octogone, je me suis battu et j'ai gagné par décision unanime.

Quand je suis revenu au vestiaire, Coleman et Randleman m'ont pris dans leurs bras et m'ont lancé en l'air, à environ 15 centimètres du plafond. Puis, ils m'ont serré et les autres gars m'ont donné de grandes claques dans le dos qui m'ont pratiquement jeté au sol, tête première. C'était complètement fou. Fou, mais agréable.

On a ensuite décidé, avec mon équipe, d'aller assister au combat de Wes Sims, pour voir comment ses hommes de coin le préparaient, comment faisaient les vrais *professionnels*.

C'était le chaos total. Rien n'était organisé, c'était tout croche. Ils avaient même oublié d'apporter son protecteur buccal et ont dû retourner au vestiaire pendant que le public attendait. Tandis que Wes était dans l'octogone, son homme de coin lui criait sans arrêt ces trois instructions : « *BLAST HIM, SQUEEZE HIM, KILL HIM!* » (Fais-le sauter! Écrase-le! Tue-le!) Et dire qu'on avait devant nous les meilleurs athlètes d'arts martiaux mixtes de la planète, dont Coleman, le champion du grand prix Pride, le « King »...

Et puis, la foudre a frappé : Sims s'est fait battre. Rodolphe et moi, on s'est regardés, puis on s'est précipités dans le vestiaire pour récupérer nos affaires avant que l'équipe de Sims ne revienne. Avant le combat, ces gars-là faisaient presque des trous dans les murs avec leurs poings, alors je n'osais pas m'imaginer ce qu'ils feraient après la défaite. On est sortis aussi vite que possible.

J'ai vu Coleman plus tard ce soir-là qui fixait sa table, le menton dans la main. Il semblait avoir perdu la tête et chuchotait : « *I'm okay, I'm okay, I'll be okay.* » (Ça va, ça va, ça va aller.) Puis, il s'est mis à hurler en frappant la table de son énorme poing : « *I'M SO FUCKING MAD! HE SHOULD HAVE BEAT HIM!* » (Je suis tellement fâché! Il aurait dû le battre!) Baissant la voix, il a continué : « *I'm not mad, I'm not mad, he's young, he'll learn from it, it is what it is, BUT JESUS HE COULD HAVE DONE BETTER I CAN'T FUCKING BELIEVE IT, but I'm not mad, I'm not mad.* » (Je ne suis pas fâché, je ne suis pas fâché, il est jeune, il va apprendre, c'est ça qui est ça, mais, Seigneur, il aurait pu faire mieux, je n'arrive pas à y croire ! Mais je ne suis pas fâché, je ne suis pas fâché…)

On se remémore cette journée chaque fois que l'on revoit le vestiaire de l'hôtel Mandalay Bay. Ça nous amuse beaucoup.

J'ai vu autre chose, ce jour-là : Wes Sims, un géant de plus de deux mètres, qui a perdu mentalement et stratégiquement. J'ai constaté qu'un grand gabarit pouvait, à plusieurs égards, être un handicap. Ce devait pourtant être ça, les grandes ligues.

Ce dont on se rend compte à un certain point, c'est que la force physique a ses limites. C'est une vérité technologique. Prenons un cric, par exemple. On pourrait concevoir un meilleur cric, plus résistant. Mais est-ce que ça nous aiderait à mieux réparer notre voiture ? Je ne pense pas. Dès que le cric a permis de soulever l'auto à 30 centimètres du sol, il a atteint son plein potentiel. À un certain point, il faut que l'intelligence l'emporte et prenne la relève de la force physique.

La mission de l'humanité n'est pas de devenir plus forte, mais de devenir plus intelligente, qu'il s'agisse de soldats – qui affrontent de plus en plus des unités spécialisées plutôt que des régiments et des chars d'assaut – ou de propriétaires de garage – qui utilisent beaucoup plus que des crics pour réparer nos moteurs. Si l'éducation et l'intelligence se propageaient dans le monde, nous aurions peut-être moins de guerres et plus de bonnes voitures.

SAGE : Pensez-y et n'oubliez pas que nous avons tous joué avec les fourmis quand nous étions petits. Elles sont partout et survivent dans presque tous les écosystèmes. Elles peuvent modifier n'importe quel habitat ou presque pour l'adapter à leurs besoins. Elles peuvent exploiter toutes les ressources qu'elles trouvent et se défendre sans problème. Toutes ces caractéristiques me rappellent Georges d'une façon ou d'une autre.

Juste avant mon premier combat contre Matt Hughes, après la pesée, Firas m'a demandé si j'avais peur de Hughes. J'ai menti. Je lui ai répondu : « Non, j'ai pas peur. » Firas m'a regardé dans les yeux et a vu quelque chose de différent, il l'a senti. J'ai payé pour, plus tard. Je ne me suis pas battu comme je l'avais prévu, de la façon dont je savais me battre, de la façon dont j'aurais dû me battre.

À mon deuxième combat contre Hughes, juste avant d'aller dans l'octogone, Firas m'a avisé de soutenir son regard sans cligner des yeux et sans fléchir. Il savait ça depuis la première fois. Hughes avait probablement vu ma peur, lui aussi, et je ne pouvais pas me permettre de lui concéder cet avantage de nouveau. Pendant ces quelques secondes, tout a changé pour moi, et probablement aussi pour mon adversaire.

Entre ces deux combats contre Hughes, la peur m'a donné une grande leçon de vie : quelqu'un qui n'a pas peur ne peut pas atteindre ses limites, il ne peut pas s'améliorer, il ne peut pas transformer ses points négatifs en atouts. Il ne peut pas s'ouvrir à la créativité, à l'invention et au progrès.

« Georges n'est pas si bon que ça. »

C'était tout ce que je lisais, tout ce que j'entendais. Tout le reste était effacé. Ce genre de commentaire nous influence. Je me suis mis à douter de moi, à me demander si les gens avaient raison à mon sujet. Il m'a fallu deux combats pour me remettre du doute. Pour retrouver toute ma confiance. Le temps ne passait pas vite. Mais j'ai fini par avoir raison de Hughes et je me suis senti solide comme le roc, comme une montagne.

Alors, il faut se demander ce qui se passe quand on accepte nos craintes. *La peur devient notre arme.*

Certaines personnes sont tout à fait incapables de considérer la peur comme une occasion de s'améliorer, de développer une meilleure version d'elles-mêmes. Elles restent prises dans leurs peurs et tentent d'attirer leurs amis avec elles. Je n'aime pas vraiment côtoyer ces gens-là parce qu'ils drainent mon énergie.

Plutôt que de profiter de la peur, ils utilisent des mots comme « problème » et « crise ». Ils parlent toujours des mauvaises choses qui leur arrivent et de la difficulté de s'en sortir. Je ne vois pas l'utilité de décourager mentalement les autres. Il y a déjà tellement de gens qui veulent faire couler leurs semblables que je n'ai pas besoin d'« amis » pour empirer la situation. Je veux que mes amis m'aident à découvrir des possibilités.

Je ne veux pas pour autant que mes amis fassent semblant que tout va toujours bien, mais il faut considérer les problèmes comme des occasions de trouver de nouvelles solutions. C'est à ce moment qu'on apprend à *inventer* la vie : en chassant toute la *bullshit*, en abordant les faits sans détour, puis en avançant.

SAGE : Les fourmis possèdent trois grandes qualités qui ont ·un rapport direct avec Georges et sa façon de regarder la vie :
1) Elles sont besogneuses : elles trouvent constamment de nouvelles façons de faire les choses pour atteindre leur objectif ultime.

Ce dont j'ai besoin, c'est un défi, c'est l'occasion de devenir un meilleur combattant et un plus grand champion. Ce dont j'ai besoin, c'est de pouvoir me tenir debout dans l'octogone, devant mes fans fidèles, pour leur prouver qu'ils ont raison de me soutenir. Je veux éveiller leur sentiment de fierté. Le titre que je cherche à décrocher, c'est le respect.

SAGE : 2) Elles coopèrent : elles savent qu'elles peuvent atteindre leurs objectifs plus facilement et plus efficacement lorsqu'elles travaillent en équipe.

Après ma défaite contre Matt Serra, j'ai demandé à Firas de devenir mon entraîneur-chef. Je n'ai pas perdu depuis ce jour. Il est très intelligent, il s'adapte à moi, il ne cherche pas à me mouler à sa façon, il n'a pas d'idée préconçue sur le type de combattant que je dois devenir. Il veut tout simplement me donner ce dont j'ai besoin pour devenir ce que je peux être de mieux. Il ne veut pas créer une copie de lui-même, ce qui veut dire que nous travaillons en nous basant sur un système de croissance selon lequel l'apprentissage provient de partout. Je n'ai pas des forces et des faiblesses différentes des siennes. Nous améliorons mes forces et travaillons à corriger mes faiblesses. Il est brillant. J'apprends auprès de gens comme lui, non seulement sur le combat, mais sur la vie. J'adore apprendre auprès des gens qui m'entourent. C'est très important pour moi.

Un bon combattant sait s'entourer de gens qualifiés. Il faut de bonnes personnes. Moi, par exemple, je suis absolument nul pour négocier. J'ai déjà fait une offre supérieure au prix demandé quand j'ai voulu acheter un condo ! Rodolphe m'aurait tout de suite dit à quel point c'était stupide. Être intelligent, c'est savoir dans quoi on n'a pas de talent et trouver quelqu'un qui possède ces qualités. Je dois travailler avec des gens qui sont meilleurs que moi. On doit engager des personnes qui compensent nos faiblesses pour nous permettre de nous concentrer sur nos forces. Je savais que je pouvais me remettre de mon opération au genou et remonter dans l'octogone parce que j'avais déjà gravi cette montagne. J'avais déjà eu à conquérir un titre mondial à deux reprises dans ma carrière : contre Hughes et contre Serra. J'ai donc décidé de le refaire une troisième fois, contre Condit, mais autrement, parce que je crois que je le peux, tout comme les personnes qui sont proches de moi.

SAGE : 3) Elles sont travaillantes. Comme l'a dit Larry Holmes : « Travailler fort, ce n'est pas facile, mais c'est juste. »

La plupart du temps, ma vie n'a rien d'excitant, comme je vous l'ai déjà dit. Je me lève, je vais m'entraîner au gym, puis je mange. Ensuite, je me fais masser et je retourne m'entraîner plus tard. Je mange encore, et je me couche. C'est comme ça presque tous les jours et j'adore ma routine. En fait, je ne sais pas quoi faire d'autre que suivre cette routine.

SAGE : La persévérance est sa meilleure aptitude. Nous nous entendons sur le fait que les résultats et la réussite s'obtiennent d'une seule façon : en travaillant fort. Nous sommes d'accord avec Holmes et nous croyons que c'est juste : nous récoltons ce que nous semons. Les gens peuvent tricher ou nous arracher presque tout, mais le travail acharné n'appartient qu'à nous, et nous seuls. Georges sait ça plus que quiconque que je connaisse ou dont j'ai entendu parler. L'éthique de travail de Georges est son don le plus précieux.

Voulez-vous savoir ce que je préfère de moi ? Pour tout dire, je suis devenu « bon » dans un seul domaine, probablement : la détermination. Je n'ai jamais été le plus rapide, ni le plus fort, ni le plus gros, ni le plus puissant. Dans la vie, on découvre tous un jour ou l'autre qu'il y a quelqu'un quelque part qui nous surpasse dans un domaine.

J'ai trouvé un moyen de transformer ce que certains appellent du travail en jeu et en exercice d'efficacité. Quand j'étais vidangeur, j'ai transformé le ramassage des ordures en course parce que c'est un bon exercice cardiovasculaire, parce que c'est un bon entraînement de puissance et parce que les journées passaient plus vite. L'efficacité est pour moi une obsession, une dépendance. La recherche constante de l'efficacité m'aide non seulement à me renforcer, mais aussi à simplifier les choses. Elle m'aide à réduire mes penchants négatifs passagers. Elle m'amène au gymnase quand je n'en ai pas envie. L'avantage accessoire est l'acquisition de bonnes habitudes.

SAGE : Quand Georges et moi travaillons ensemble, nous avons une façade de glace. Nous paraissons concentrés uniquement sur l'entraînement. Partout où nous nous entraînons, il y a des gens qui observent nos moindres mouvements, qui prêtent l'oreille à chaque commentaire, à chaque mot. C'est pourquoi vous ne nous verrez pas pleurer ni avoir une conversation à cœur ouvert. Nous avons une façade dure et froide, et c'est nécessaire. Nous retenons nos émotions, nous ne craquons jamais et nous nous soutenons mutuellement en cachant notre peur. Notre côté sensible nous appartient à nous seuls. Nous ne pouvons pas laisser pénétrer la peur parce qu'elle déclenche un déluge d'émotions. Il y a un moment pour les sentiments et un moment pour la concentration et le travail. Je sais que Georges conservera sa façade jusqu'à la fin. Mais je l'ai vu aussi dans le vestiaire, quand il est sur le point de craquer et qu'il laisse tomber son masque, je l'ai vu et entendu prier à genoux. C'est parce que, pour une partie de sa vie, il sera toujours seul.

Aussi fort qu'il est, Georges est extrêmement fragile. Je l'ai vu de mes yeux. Nous sommes tous fragiles. Je l'ai vu en entraînement sur le point de casser.

Le secret pour croître avec régularité et s'améliorer de façon constante, c'est de changer constamment ce que l'on fait.

Avant de me déchirer le ligament croisé antérieur, je dois admettre que j'étais fatigué mentalement. Depuis un certain temps, c'était devenu difficile de me présenter au gymnase jour après jour et mon attention glissait facilement vers autre chose que le travail à faire.

Après mon opération au genou, j'ai décidé, avec mon équipe, de modifier en profondeur ma façon d'aborder l'entraînement. Tout d'abord, nous avons trouvé le meilleur programme de réadaptation et de physiothérapie au Sport Science Lab (SSL), près de San Diego. Ce programme vise tout simplement à créer l'athlète parfait, et ne s'adresse pas seulement à ceux qui viennent de subir une blessure.

À mon avis, il n'y a qu'une poignée d'entraîneurs dans le monde qui peuvent remplir de telles promesses. Mais ce que j'aime de cette méthode, c'est qu'elle va à l'encontre de la croyance populaire selon laquelle il faut soulever des poids pour acquérir de la force.

Je ne cherche pas à grossir ni à renforcer mes muscles. Je veux que mes muscles travaillent plus *intelligemment,* qu'ils soient mieux coordonnés. Il ne faut pas avoir une grosse ossature ni une grande corpulence pour générer de la force ou être habile. En fait, c'est plutôt le contraire.

Ce qu'il faut faire, c'est raffiner les habiletés motrices. Pour moi, ça consiste à stabiliser le sens de l'équilibre du pied, à intensifier son rapport avec le « noyau » du corps et à enseigner au corps comment utiliser sa force sans la laisser se dissiper.

Objectivement, c'est relativement facile. Vous pouvez vous considérer comme fort si vous arrivez à soulever 200 kilos en *squat*, mais parvenez-vous toujours à exploiter cette force au cours d'une partie de football, de soccer ou de basketball ? Peut-être pas. Lorsque vous soulevez un tel poids, vous êtes parfaitement en équilibre (ou devriez l'être). Vous connaissez les variables pour réussir à soulever ou à abaisser cette masse. Mais sur le terrain, vous affrontez un adversaire qui a son propre objectif : vous déstabiliser.

J'ai remarqué un élément important en visionnant l'enregistrement de mon premier combat contre Serra pour préparer ma revanche : après avoir été surpris, j'ai perdu l'équilibre et je me suis lancé dans une contre-attaque sans l'avoir rétabli. J'ai payé pour mon incompréhension, pour mon manque d'équilibre.

On acquiert de la fluidité avec l'expérience des simulations de combat. C'est comme une danse : on imite des tactiques et des mouvements et on tente de tenir l'adversaire dans des positions « inconfortables ». On fait en sorte de ne jamais être une cible statique, il faut bouger constamment. C'est comme être pourchassé par un tireur d'élite : on doit se déplacer, faire des feintes et éviter de rester immobile. Il ne faut pas faciliter la vie à notre opposant ni lui laisser le temps de nous jauger. Dans le domaine des arts martiaux mixtes, on voit fréquemment cette situation : un combattant se fatigue, il ralentit, puis s'immobilise. Peu de temps après, il tombe, durement, surtout s'il se bat contre un *striker*.

Le corps doit donc apprendre à générer de la force dans des positions et des postures inhabituelles, ce qui ne signifie pas nécessairement qu'il faut cesser de soulever des poids et abandonner l'objectif d'augmenter la force et la masse musculaires. Après avoir atteint un certain niveau de puissance, il faut trouver des moyens plus efficaces que les poids et haltères pour optimiser la performance. Si vous êtes un joueur de ligne offensive au football, il vous faudra beaucoup de puissance et de volume, mais aussi de la stabilité et de l'équilibre.

Dans mon sport, il est très risqué de donner un coup en se tenant sur un seul pied. On est alors instable et on doit asséner le coup avec plus de force pour qu'il produise son effet. C'est comme pousser un chariot de supermarché qui a une roue tordue : c'est frustrant et inefficace. Si vous pouvez donner le même coup tout en contractant tous vos muscles et en transférant votre poids au moment approprié, vous générerez beaucoup de force en conservant votre équilibre.

La stabilité est d'une importance capitale : on en a besoin pour tout faire. Un exemple facile : on trébuche si l'on court sans avoir noué ses lacets. Ça ne sert à rien de courir vite avec des lacets détachés ; on augmente seulement le risque de blessure. On doit permettre au corps de produire de la force en s'assurant qu'il soit en tout temps en position stable, pas seulement quand on court en ligne droite.

Il y a deux types de groupes musculaires :

1) les premiers moteurs, qui effectuent le gros du travail, qui soulèvent des poids. Ce sont les muscles les plus volumineux, tels les quadriceps, les pectoraux et les fessiers ;

2) les stabilisateurs, qui permettent aux articulations de fonctionner.

N'oubliez jamais que vous êtes seulement aussi fort que le maillon le plus faible.

SAGE : J'ai déjà vu Georges euphorique après un combat. Chaque victoire est comme sa première, comme un nouvel événement dans sa vie. Il ne tient jamais pour acquis que le résultat sera avantageux. Il sait que n'importe qui peut perdre, n'importe quand. C'est une simple question de probabilité. Nous envisageons chaque combat comme s'il s'agissait d'un problème de mathématiques : puisqu'il y a toujours une chance que le résultat soit différent, mettons toutes les probabilités de notre côté.

Tous ses fans s'attendent à ce qu'il gagne. Ils cherchent la perfection, quelque chose au-delà de ce que tout être humain peut faire avec consistance. Et lui, il ne veut laisser tomber personne.

Le secret d'une visualisation efficace est de former dans son esprit une image aussi claire, détaillée et vivante que possible sur laquelle on peut se concentrer. Plus l'image visualisée est réaliste, plus elle est possible, et on attirera rapidement les éléments qui nous aideront à mener à bien ce que l'on souhaite accomplir.

Selon moi, la visualisation fonctionne mieux dans un endroit calme où l'on peut se détendre. La respiration est importante, il faut donc prendre de longues et lentes inspirations. Il s'agit de laisser échapper le stress pour se concentrer uniquement sur l'image que l'on veut voir surgir dans notre esprit. Ensuite, on crée le récit que l'on veut réaliser dans tous ses détails : l'apparence des choses, le ton de la voix des gens, ce qui bouge, les couleurs, tout ce qui se rapporte aux sens.

Ce n'est pas facile, puisqu'il faut, en plus, demeurer positif et bloquer tous les événements négatifs qui peuvent survenir. On doit chasser les obstacles qui risquent d'entraver les efforts parce qu'on n'exerce aucun contrôle sur eux.

On peut utiliser notre énergie de manière beaucoup plus productive !

J'ai déjà lu qu'il est parfois plus facile de commencer la visualisation par la fin et de se raconter l'histoire à l'envers. Ça aide à déjouer les obstacles, car le but est atteint dès le début du récit.

> **SAGE :** Georges voulait atteindre un point où il n'existait ni verre à moitié vide ni verre à moitié plein. Il considère plutôt que le verre a atteint la moitié de sa capacité et ça, ça veut dire quelque chose.

Ma défaite contre Serra m'a permis de gagner 100 ans de sagesse. Je suis descendu de mon nuage pour me remettre à faire ce que je devais faire pour réussir. J'ai arrêté de sortir, je me suis entraîné avec plus d'ardeur, j'ai coupé les distractions inutiles. J'ai vu ce que j'avais en moi et ce dont j'avais besoin. J'ai vu la bulle d'illusion qui s'était formée autour de moi et qui laissait croire que j'étais différent des autres combattants.

La première fois que j'ai affronté Serra, j'avais beaucoup trop confiance en moi. La deuxième fois, le problème se situait à l'autre extrémité de l'axe : je doutais de mes chances de gagner. Certains me disaient de me surveiller et de m'assurer qu'il « ne m'anéantisse pas de nouveau », ce qui n'était pas un conseil très utile. Le secret du duel avec Serra, prise 2, était simple : il ne faut ni le sous-estimer ni le surestimer. Le secret, c'était la « règle de la capacité » selon Firas.

C'est une leçon importante pour les jeunes athlètes et elle les amène à apprendre *comment* perdre. Ce n'est pas parce que quelqu'un nous bat la première fois que l'histoire se répétera. Tout chapitre historique est constitué d'un assemblage de gestes et de facteurs qui jouent un rôle dans le verdict final.

Après une défaite cuisante, on se demande toujours ce que l'on aurait pu mieux faire, parce que la véritable raison qui explique une défaite est rarement d'ordre physique.

Si l'on perd parce que notre condition physique n'était pas à la hauteur, la solution est évidente : il s'agit simplement de faire plus de *push-ups*, de courir plus vite ou plus longtemps, de soulever plus d'haltères. Mais une fois que l'on a atteint un certain niveau de performance, la préparation physique passe au second rang, après la préparation mentale et stratégique.

Je le répète : la première étape qui suit une défaite – et ce peut être n'importe quel événement négatif qui nous affecte –, c'est la rage. Par contre, on finit par l'accepter et c'est à partir de ce moment seulement qu'on parvient à envisager les choses objectivement. C'est à partir de ce moment seulement que l'on peut observer ses propres erreurs, trouver des solutions et s'améliorer.

Il était hors de question que je prépare mon deuxième combat contre Serra comme le premier, mais je devais m'en souvenir pour me concentrer sur les éléments fondamentaux d'une victoire.

Une des choses que j'apprécie chez Firas, c'est que nous discutons de toutes sortes de sujets qui n'ont rien à voir avec le combat. On parle d'histoire, de religion et surtout de philosophie. Firas est un véritable sage, un homme intelligent et juste. Le sage comprend parce qu'il acquiert un bagage de connaissances énorme, puis il cherche à les partager.

Voici, à titre d'exemple, une de nos premières conversations de nature philosophique. Avant le deuxième combat contre Serra, on a discuté du verre à moitié vide et à moitié plein, et de la différence entre les deux, car ce verre est l'exemple parfait pour illustrer mes combats contre Serra.

Lors du premier combat, j'ai considéré que le verre était à moitié plein, c'est-à-dire que j'étais sûr d'avoir ce qu'il fallait pour *faire la job* et même plus. Puis, avant le combat revanche, Firas craignait que je voie encore mon verre à moitié plein et que j'attribue une trop grande part de responsabilité à Serra pour ma défaite précédente. Il craignait que je laisse mes peurs modifier mon approche, que je les laisse guider mes gestes.

Puis, un jour, on a changé de point de vue : le verre à moitié plein ou à moitié vide est devenu entièrement différent. On a commencé à parler de capacité. Le fameux verre était maintenant rempli à la moitié de sa capacité, ni plein ni vide. Cette nouvelle perspective nous a amenés à gérer le risque de façon pratique, en analysant les faits plutôt qu'en tendant l'oreille aux peurs et aux émotions des autres. Nous avons évalué les vraies forces de Serra et ses vraies faiblesses, en toute honnêteté.

Firas et moi avons donc appris à gérer le risque en misant sur notre stratégie d'agressivité plutôt que d'analyser et de paralyser. C'était important, parce que la période qui s'est écoulée entre les deux combats a été psychologiquement très difficile pour moi. Après ma défaite, beaucoup de gens se sont demandé si j'étais vraiment capable d'encaisser les coups et si tous mes succès étaient dus à la chance. Certains journalistes ont ouvert le débat, mais rapidement tout le monde s'est mis de la partie, et les doutes ont envahi mon esprit. Je me suis demandé si j'étais résistant, si je pouvais soutenir la pression, si je méritais un combat revanche. Mon revers m'a hanté pendant de longs, longs mois.

Je n'ai pas affronté Serra immédiatement après la défaite. Ce n'est pas la façon dont le système fonctionne. On peut le comparer à une pente glacée qui nous fait glisser jusqu'en bas et nous oblige à travailler durement pour remonter. Par chance, j'ai pu cacher mon insécurité et mon manque de confiance et me reconstituer une force mentale adéquate. J'ai appris que la seule façon de retrouver sa confiance et son assurance consiste à se battre pour les regagner.

Pour les combats subséquents, nous avions déjà décidé d'agir différemment et de mieux utiliser mon arsenal afin que j'impose mon rythme dès le départ, en forçant mon adversaire à me suivre plutôt que l'inverse.

Nous avons récolté un maximum d'informations sur Serra et nous avons élaboré une méthode de travail structurée et stratégique. Je l'ai finalement battu par arrêt de l'arbitre, au deuxième round.

Dans notre société moderne, les psychologues pourraient comparer cette technique à ce qu'ils appellent la « thérapie cognitive ». Le cerveau est comme un ordinateur branché à une multitude de réseaux qui accomplissent une variété de fonctions. La peur aime semer le trouble dans ces fonctions, alors, au bout d'un certain temps, elle accapare la gestion des réseaux du cerveau pour causer des réactions à la peur.

La peur aime devenir une habitude, comme la peur des chiens. Si vous avez été mordu pendant l'enfance, il est probablement normal que vous ayez peur des chiens. Est-ce que la plupart des chiens s'attaquent aux humains ? Non, mais on ne peut pas s'attendre à ce que notre cerveau voie les choses de cette façon, parce que la peur lui dit que les chiens mordent, une information basée sur un fait. Le problème, c'est qu'il ne s'agit que d'un incident survenu il y a longtemps. Pourtant, la peur n'analyse ni l'histoire ni la fréquence. Elle ne s'occupe que d'elle-même.

On s'améliore avec le temps sur deux plans : on se rend compte que la situation n'est pas si grave et on diminue la fréquence de ces crises de peur. On réalise que la peur sera toujours là, alors on change notre attitude. On arrive à mieux la dompter, et son impact est minimisé.

SAGE : Dans sa position, Georges est au bout de la chaîne d'énergie négative. Nous devons transformer les insultes, les menaces et les mauvaises blagues en carburant pour le motiver. Ce que Georges peut faire parce qu'il est patient, réfléchi et stratégique, c'est de conserver ces insultes, ces menaces et ce sarcasme pour les utiliser ultérieurement. Vous le verrez très rarement s'impatienter au cours d'une conférence de presse ni ailleurs : il utilisera l'énergie négative des autres pour alimenter son entraînement et ses séances de travail, qui détermineront qui gagnera le combat, parce qu'un combat dure beaucoup plus longtemps que cinq rounds. Un combat se prolonge sur de longues semaines et de longs mois.

Beaucoup de gens me demandent combien il faut d'heures pour bâtir un GSP. Mais il n'y a pas de recette, on ne peut pas se limiter à réunir les ingrédients de base pour créer un champion du monde. Il faut un individu d'un genre très particulier qui voue volontairement sa vie entière à un objectif plus large. Il faut quelqu'un qui accepte d'endurer des douleurs intenses à répétition. C'est aussi comme aller dans l'espace : on doit se préparer à une multitude d'éventualités et à subir des pressions et des épreuves de natures différentes. Tout le monde n'a pas les aptitudes pour devenir astronaute : il faut subir et réussir une quantité phénoménale de tests avant de pouvoir aller dans l'espace. C'est la même chose pour les arts martiaux mixtes : ce n'est pas donné à tout le monde de pratiquer ce sport, et encore moins de devenir champion du monde. N'importe qui ou presque peut bien réussir. Toutefois, la plupart des gens veulent obtenir des résultats sans se soumettre au processus. C'est le processus qui freine les gens, et non leur potentiel limité.

Je suis obsédé par mes erreurs. Obsédé, surtout, par la façon de ne jamais les répéter. Ça me hante. Mais je sais que je progresse, comme je l'ai fait contre Hughes après avoir perdu le premier de nos combats. Je sais que mon évolution se poursuit, constamment. Firas appelle ça ma « prémisse ».

Il y a un processus global pour la « machine » que mon équipe et moi tentons de bâtir. Nous y travaillons depuis des années et passons beaucoup de temps à discuter des grandes idées qui motivent mon entraînement et des éléments dont nous avons besoin pour nous rapprocher du niveau ultime. Ce que j'entends par niveau ultime, c'est un système qui performe au maximum de ses capacités en toutes circonstances. L'objectif demeure la victoire dans l'octogone.

Avant de parler du système lui-même, on doit comprendre qu'il y a essentiellement trois façons de se battre : en position debout, en position de transition et au sol. Il y a aussi une vérité encore plus simple : il n'existe que deux types de combattants : le spécialiste et le généraliste.

Jon Jones est le meilleur exemple de spécialiste. Il a la portée la plus longue de tous les athlètes dans l'histoire des arts martiaux mixtes, ce qui fait de lui un cogneur redoutable, une curiosité de la nature sur plusieurs plans, un athlète qui peut dominer n'importe qui aux coups (en plus d'être un lutteur talentueux). Tous ceux qui essaient d'échanger des coups avec Jon auront de gros problèmes. Matt Hughes est un autre spécialiste remarquable, pratiquement invincible dès qu'il a jeté son adversaire sur le tapis. C'est pourquoi j'ai généralement essayé de vaincre Matt Hughes en position debout puisqu'au sol il aurait toujours l'avantage, comme à notre premier affrontement.

Un spécialiste peut être aussi dangereux qu'un athlète généraliste, et davantage à certaines occasions, parce qu'il est surdoué. Le nom le dit : il est *spécial*. Un spécialiste est donc un athlète doté d'un don extraordinaire – la vitesse, la puissance, la portée, l'impulsion, l'explosivité – qu'il transforme en arme exceptionnelle.

Et puis, il y a le généraliste sur lequel je base tout mon système. Firas me dit souvent : « Le Roi de tous les styles est l'antagoniste. » Il entend, par antagoniste, un généraliste, quelqu'un qui sème la confusion à partir de n'importe quelle situation de combat. La raison est simple : un généraliste tente de provoquer son adversaire pour le faire sortir de sa zone de confort, de sa spécialité. J'aime toujours provoquer mon opposant et lui dicter le rythme du combat et l'endroit où les choses se produiront dans l'octogone.

Alors, si un généraliste affronte un lutteur, il doit utiliser des techniques propres à la boxe. Par contre, s'il se mesure à un boxeur, il doit faire appel à des méthodes de lutte. C'est la règle de base de mon système : j'essaie d'entraîner mon adversaire à l'opposé de sa zone de confort pour l'attirer dans la mienne, qui est n'importe laquelle des trois méthodes de combat. C'est de cette façon que j'ai procédé contre Hughes au cours des deux derniers combats. Je l'ai tenu éloigné de ce qui fait sa force.

Toutefois, il faut être plus qu'un bon généraliste pour avoir raison d'un spécialiste qui, après tout, essaie de faire pénétrer l'autre dans son espace pour pouvoir se concentrer sur sa spécialité. À cette étape de sa carrière, il y excelle probablement. Par chance, même si les lutteurs sont les Rois des arts martiaux mixtes, le généraliste jouit d'un avantage : tous les combats commencent debout. Le lutteur doit s'approcher suffisamment du généraliste pour l'obliger à se plier à sa technique, mais ce n'est pas toujours facile.

Pour vaincre les spécialistes des positions au sol, nous nous entraînons souvent au kick-boxing, qui est la seule méthode que je connaisse pour obliger un lutteur à se battre à l'endroit que je souhaite.

La leçon que j'en ai tirée est celle-ci : il faut s'attaquer à ses faiblesses et éviter ses forces.

SAGE : Si les gens se pliaient au régime d'entraînement de Georges, beaucoup casseraient psychologiquement. Ce n'est pas pour tout le monde. Tout le monde ne peut pas endurer ça. C'est pour ça qu'il n'y a qu'une ville de Rome : si c'était si facile à bâtir, il y en aurait davantage !

Je dois rendre mon entraînement plus difficile et plus stimulant que mon prochain combat pour la simple raison que je dois créer des conditions extrêmes afin de m'assurer que je suis prêt à affronter n'importe quoi. Ainsi, m'entraîner avec des champions, des athlètes qui sont supérieurs à moi dans une discipline particulière, fera de moi un meilleur combattant, plus complet. J'ai compris il y a longtemps que je ne deviendrais jamais le meilleur dans une seule discipline. Je ne peux pas être le plus rapide, ni le plus fort, ni le plus agile, mais j'ai découvert et j'ai compris comment je pouvais probablement devenir le meilleur combattant et athlète *complet*.

Si mon prochain adversaire est un excellent lutteur, par exemple, je consacrerai beaucoup de temps à m'exercer avec des experts qui me surpassent en lutte. J'irai au gymnase de Victor, mon entraîneur de lutte à Montréal, pour me mesurer aux meilleurs. Si je dois affronter un boxeur qui a un superbe crochet gauche, je passerai de longues heures sur le ring à affronter des gauchers puissants.

Une des façons de s'améliorer consiste à se concentrer sur les forces des autres et à en tirer des leçons, ce qui explique pourquoi j'aime m'entraîner avec des spécialistes. Puisque je travaille avec des champions, je dois toujours, toujours me concentrer à 100 % pour éviter, soyons francs, de me blesser. Alors, même durant une séance d'entraînement, je ne peux me permettre d'y aller mollo ou de me la couler douce parce que je serai constamment sur le dos, sans compter les risques de blessure…

Le seul fait que je dois me concentrer à 100 % amène d'autres contraintes. La première est le stress : si je donne tout en entraînement, je subis une pression et un stress constants pour performer, pour me concentrer et pour réussir. Même si j'essaie toujours de travailler avec des athlètes meilleurs que moi, la dernière chose que je souhaite – dans le gymnase, sur le tapis, dans le ring ou dans l'octogone –, c'est que l'on me voie constamment en train de perdre. Mais d'apprendre à gérer ce genre de stress – lié à la volonté de gagner et de conserver le respect des gens – me prépare à surmonter des stress d'un autre type. On essaie de créer des situations hors de l'ordinaire afin qu'elles s'inscrivent dans ma routine au bout d'un certain temps et après plusieurs répétitions. Puis, j'essaie encore d'augmenter l'intensité, toujours de plus en plus.

SAGE : Georges a une capacité de travail extraordinaire. C'est ce qui le rend unique, incomparable à aucun autre combattant ou athlète. À cette étape, il ne s'agit pas d'un type spécial de mentalité. Son secret, c'est qu'il est tout à fait ouvert et qu'il s'immerge dans l'apprentissage, peu importe de quoi il s'agit. Avec Georges, il ne peut être question d'aimer ou pas une méthode d'entraînement, et c'est ce qui le distingue des autres. La plupart des gens font ce qu'ils aiment et évitent de faire ce qu'ils doivent faire. Il est extrêmement difficile de maîtriser toutes les disciplines de combat. Ça exige de la détermination, de la confiance et la capacité d'absorber toute l'information supplémentaire. Ça, c'est tout Georges. Il intègre tout, traite l'information et conserve les éléments qui ont la plus grande valeur pour s'en servir à tout moment. En vérité, on ne peut pas prendre beaucoup de pauses quand on se fixe un objectif ambitieux, et les gens doivent parfois se détacher de certaines choses, de la vie. Georges, par contre, travaille quand il le doit, pas seulement quand ça lui tente.

J'ai un ami qui a une excellente façon de considérer l'entraînement. Il me dit : « Tu ne t'améliores pas les jours où tu as envie de t'entraîner ; tu t'améliores les jours où tu n'en as pas du tout envie, mais où tu te présentes quand même au gymnase. »

C'est facile de s'entraîner quand on en a envie. Notre corps et notre esprit sont en harmonie et exécutent ce qu'on leur demande. Mais quand notre corps nous dit qu'il refuse de bouger parce qu'il a mal ou est fatigué, ou quand notre esprit tente de nous convaincre d'aller prendre un verre avec des amis ou de rester à la maison pour regarder la télé, il y a un problème. Par contre – et c'est un gros « par contre » –, si l'on parvient à surmonter l'énergie négative qui émane de notre corps fatigué ou de notre esprit démotivé, on devient meilleurs et on grandit. Ce ne sera sans doute pas le meilleur entraînement, on n'accomplira peut-être pas autant que ce que l'on fait normalement quand on se sent bien, mais peu importe. La croissance est un jeu à long terme et les jours pénibles sont plus importants.

Le moment idéal, c'est après l'entraînement d'une mauvaise journée. On se sent mieux, on est plus heureux, on est fier. La nourriture a meilleur goût et l'on sent que l'on a mérité la récompense d'un bon repas. L'aspect mental est important aussi, parce qu'on sait qu'on a la capacité et la volonté de chasser les pensées négatives et de nous stimuler à faire mieux.

L'étape logique suivante du processus est la confiance. Quand on comprend comment assembler les éléments clés de notre entraînement, on devient tout-puissants dans notre esprit. Cette croyance est inestimable et difficile à mesurer. Les gens qui croient en eux peuvent accomplir presque n'importe quoi. Et une chose est sûre : ils peuvent toujours en faire plus, mais tout est une question d'*attitude*.

SAGE : J'ai vu Georges dans ses moments les plus vrais. Malgré son talent et toutes ses victoires, il s'entraîne à ce point parce qu'il a peur de la défaite. Il travaille pour éliminer ses faiblesses. Qui plus est, en éliminant un élément vulnérable, on en met souvent un autre au jour. Il n'est peut-être pas aussi évident ou menaçant que le précédent, mais il existe bel et bien. Une fois que nous l'avons découvert, on doit trouver le moyen de l'éliminer. C'est un comportement tout à fait normal, mais, si je peux me permettre, on le voit rarement chez les gens. Certains se croient si bons qu'ils ne s'entraînent pas autant qu'ils le devraient. La vie rattrape ces gens. Georges est tout le contraire. Pour lui, c'est une expérience douloureuse, c'est un supplice constant, c'est le processus, le cycle de la peur et la façon dont elle accompagne même les individus les plus menaçants. Par contre, c'est aussi ce qui motive Georges.

Il se produit un changement dans mon univers dans les semaines et les jours qui précèdent un combat. J'éprouve une attirance progressive pour l'octogone. Je ressens une force, une source d'énergie qui me transforme. Je crois que cette force fait de moi le guerrier que je dois être pour performer, pour faire mon travail, pour me battre dans l'octogone et pour en ressortir vainqueur.

Je sais aussi mieux que quiconque que je gagne ma vie différemment des autres. Je sais que c'est bizarre et que ma personnalité intrigue beaucoup de gens. Et je comprends que la plupart ont une idée très vague de ce que je fais exactement dans une cage, à me battre pour gagner ma vie. C'est une chose que je sens au plus profond de moi.

C'est la raison pour laquelle quelques jours avant un affrontement je me retire dans une « zone » bien à moi. Je me replie dans une position, une préparation, qui permet à mon esprit et à mon âme d'assimiler ce qui est sur le point de se produire.

À l'approche du combat, j'avoue que j'évite la plupart de mes amis et des membres de ma famille. Je les exclus, je ne prends pas leurs appels, j'ignore leurs messages. Je tolère à peine leur présence à mes côtés. Je ne peux prendre le risque qu'eux et leurs vies normales exercent une influence sur ce qui s'en vient.

À l'approche du combat, j'éprouve le besoin d'être près d'autres combattants. J'ai besoin de leur compagnie, de leur présence, de leur aura, de leurs conversations. Parfois, nous parlons, parfois, nous nous assoyons dans le silence le plus complet, mais je suis toujours en compagnie d'hommes qui sont montés sur le ring comme je m'apprête à le faire : seul, vulnérable, féroce et déterminé.

J'ai besoin de côtoyer des athlètes qui comprennent la sensation d'affronter physiquement un autre être humain. Afin que mon esprit perçoive la brutalité du combat comme une chose « normale » durant quelques jours. Afin que je puisse évaluer ce qui doit être fait pour que je sois dans *mon* état normal. Afin que je puisse monter dans l'octogone.

Une grande part de la préparation qui précède un combat est sérieuse et, comme mentionné plus haut, presque spirituelle. La visualisation me permet d'atteindre cet état de concentration et d'en émerger, d'éteindre et d'allumer mon cerveau, et de conserver mon équilibre. De me préparer sans trop réfléchir.

Le reste de mes préparatifs est soit très ennuyeux, soit très drôle. Il ne faut pas se prendre trop au sérieux.

Pour ce qui est de la partie ennuyeuse, j'essaie de rester cool, je me détends avec mes entraîneurs et d'autres combattants, et je passe beaucoup de temps à lire et à regarder des films dans ma chambre d'hôtel.

Le côté amusant : des extraits de certains films me font beaucoup rire. Nos deux scènes préférées sont tirées de *Full Metal Jacket* et de *Kill Bill 2*. Firas et moi aimons la première scène de *Full Metal Jacket*, où le sergent instructeur accueille les recrues. C'est fou de penser qu'il existe vraiment des gens comme ça. Je reconnais, par contre, que le reste du film n'est pas très drôle…

Notre scène de film préférée, celle que nous aimons regarder avant un combat, s'intitule « Chapter 8 : The Cruel Tutelage of Pai Mei » (« Chapitre 8 : La tutelle cruelle de Pai Mei ») du film *Kill Bill 2* de Quentin Tarantino. Il s'agit essentiellement d'un passage surréaliste où Tarantino traite à sa manière de trois sujets clés des arts martiaux : la science, la philosophie et, bien entendu, le combat.

Une jeune femme appelée La Mariée (interprétée par Uma Thurman) rencontre Pai Mei (Gordon Liu), un grand maître du kung-fu. Elle lui dit qu'elle n'est pas entièrement sans expérience, qu'elle est experte de l'épée de samuraï. Le grand maître affiche un sourire narquois et La Mariée se sent ridicule. Il la scrute, elle se sent diminuée. Il la provoque en duel en promettant de l'appeler Maître si elle le bat. Comme on pouvait s'y attendre, elle perd et se rend compte qu'elle est comme un ver qui tente de terrasser un aigle.

La scène est hilarante, mais si on la regarde de nouveau, on remarque ses liens avec la méthode socratique : donnez-moi une prémisse à laquelle vous croyez et je vous interrogerai. Si vous prétendez savoir quelque chose, je vérifierai vos conclusions. À la fin, s'il y a des contradictions, votre prémisse sera invalidée. Donc si ma façon de penser est erronée, ma conclusion ne peut être vraie.

Firas et moi en avons souvent parlé au fil des ans. Selon nous, Socrate n'a jamais prétendu détenir la connaissance, il la cherchait. Il ne pouvait jamais être vraiment sûr de rien, sauf de la conscience de sa propre ignorance. Il est question de savoir jusqu'où un individu doit aller. Peu importe notre talent, nous sommes toujours relativement faibles. Dans le film, La Mariée finit par se rendre compte qu'elle ne connaît rien. Ainsi, plus j'en sais, moins j'en sais.

Je me rappelle avoir dit un jour à Firas que je me sentais bien et que j'étais en forme. J'étais convaincu que je pouvais difficilement être en meilleure forme étant donné que je me sentais si fort. Mais je me trompais. Plutôt que de me dire ouvertement qu'il n'était pas d'accord et que je devais améliorer ma forme, Firas a adopté une autre stratégie : il m'a amené voir des gymnastes et m'a proposé de m'entraîner avec eux. Je me suis très vite rendu compte qu'à plusieurs égards je n'étais pas à la hauteur. J'étais fort, mais je n'arrivais pas à exécuter en entier ou adéquatement les mouvements que les gymnastes exécutaient superbement avec une grande aisance. J'ai constaté ma propre médiocrité en étant mis à l'épreuve, en ressentant ma maladresse et mon manque d'aptitudes. Cette situation m'a obligé à adopter un nouvel état d'esprit, grâce à mon propre Pai Mei (Firas), qui a très facilement transformé l'aigle que je croyais être en ver.

En conclusion, une chose ne change jamais : mon état d'esprit doit être ouvert en tout temps aux améliorations de toute provenance. Une telle cruauté, le ver contre l'aigle, est en fait de la bonté. Elle représente la douleur que l'on éprouve à court terme pour en tirer un avantage à long terme.

Ainsi, au cours de la semaine précédant un combat, je m'assois avec Firas dans notre chambre d'hôtel pour regarder cette scène.

* * *

Un des éléments de ma progression comme athlète a été de comprendre comment fonctionne le corps humain. Après tout, les bras, les jambes et la colonne vertébrale sont en grande partie semblables, à la différence de la hauteur, de la longueur et de la largeur. Tout est une question d'angles. Travailler avec Gavin MacMillan, du Sport Science Lab, m'a aidé à apprendre beaucoup de choses sur le corps.

Ce qui est intéressant, c'est que certaines choses que j'ai apprises sont très, très modernes, tandis que d'autres sont connues depuis des siècles. Léonard de Vinci, par exemple, a été le premier à démontrer que le corps humain est génétiquement équilibré. Son dessin représentant l'homme de Vitruve en est la preuve. C'est lui aussi qui a énoncé cette phrase célèbre : « Vous êtes ce que vous mangez. » Nous la disons encore de nos jours parce qu'elle est toujours vraie. Je crois qu'un athlète doit manger des aliments nutritifs pour alimenter son moteur. D'une certaine façon, certaines personnes obèses meurent de faim : elles mangent toutes sortes d'aliments si pauvres en éléments nutritifs que la plupart se transforment en graisse. Les muscles et le reste du corps sont affamés d'éléments nutritifs.

Ainsi, je considère que l'alimentation n'est pas tant ce que nous mangeons que *les décisions que nous prenons* lorsque nous mangeons, ce qui se traduit par de la discipline et du contrôle. Personnellement, j'aime beaucoup les desserts. Il y a une petite rôtisserie portugaise que je fréquente, dans le quartier Saint-Michel, dans le nord de Montréal, où je termine tous mes repas avec un *pastel de nata*, une délicieuse tartelette de crème pâtissière avec une pointe de cannelle servie tiède. Mais avant de m'offrir ce dessert, je m'assure de manger une belle poitrine de poulet, une salade et parfois une portion de frites. Avec la quantité d'exercices que je fais chaque jour, je peux me permettre de manger ce que je veux, pourvu que la nourriture me procure les bons éléments nutritifs et le carburant qui permettront à mon corps d'atteindre un niveau optimal de performance.

Le vrai test est le suivant : quand on est seuls à la maison, quand on est dans un lieu privé et que personne ne nous voit, quelles sont nos décisions ? Bien manger ou mal manger ? Faire de l'exercice ou écouter la télévision ? Travailler ou ne rien faire ? La meilleure version de la vérité nous apparaît à nous, et à nous seuls, lorsque personne ne nous voit. C'est le test de la discipline et c'est ce qui fait une différence dans notre vie. C'est ce qui règle notre propre système et le guide. Seul l'individu le comprend.

Ça me ramène à la fameuse gaine de myéline, dont Rodolphe m'a souvent parlé. En fait, selon ce que j'en comprends, il s'agit de la mémoire musculaire. Comme je l'ai dit, la gaine de myéline est reliée au système nerveux et fonctionne comme ceci : plus on répète un geste souvent, plus on peut le mémoriser facilement et l'exécuter à la perfection sans hésitation.

En associant l'approche de la mémoire musculaire avec la méthode de réadaptation et d'entraînement que j'ai découverte au Sport Science Lab, je « rebranche » mon propre système pour mieux performer. Cette technique devrait générer un GSP plus efficace et plus complet.

Maintenant, quand je m'entraîne ou fais des exercices de réadaptation pour mon genou, je me sens en parfait contrôle de mon processus d'amélioration, autant sur le plan physique que mental. Je sens qu'en me concentrant sur mes pieds et les autres plus petites parties de mon corps, je contribue en fait à améliorer mon corps au complet.

Je crains beaucoup moins, maintenant, d'atteindre un plateau, cet état où le corps manque de motivation pour franchir de nouvelles limites. Ce n'est pas agréable d'atteindre un plateau. C'est un état désagréable, auquel il est difficile d'échapper. Mais on y arrive. La réadaptation m'a ainsi permis de découvrir de nouvelles méthodes d'entraînement qui stimulent mon corps *au complet*.

Plus j'améliore mes entraînements, plus je me rends compte à quel point le mental et le physique sont reliés.

SAGE : Un des gars qui gèrent ses comptes m'a raconté une histoire sur Georges. Puisqu'il passe tant de temps en déplacements, il pourrait facilement établir sa résidence fiscale dans un pays où le taux d'imposition est beaucoup moins élevé qu'au Québec. On lui a fait cette recommandation, qui lui permettrait d'économiser de l'argent, comme le font les pilotes de formule 1 ou d'autres athlètes d'envergure internationale. Il a refusé net sans même y réfléchir une seconde, et sans penser à l'argent qu'il récupérerait. Georges a dit : « J'habite ici la plupart du temps et je veux continuer à vivre et à m'entraîner ici. Je jouis des services publics comme tout le monde, alors je vais payer ma part comme tout le monde. »

Ce n'est pas une question de titres, pour lui, pas plus qu'une question d'argent. Il s'agit d'expérience et de partage de cette expérience.

Lorsque les médias ont abordé la question de mon opération au genou, je leur ai dit : « La seule chose à laquelle sert une ceinture, c'est à tenir ses culottes. »

L'entraînement excessif a fonctionné longtemps, dans mon cas, mais, à un certain moment, il m'a nui et me détruisait. J'en étais arrivé au point où j'étais incapable d'arrêter de m'entraîner davantage.

Avant que je me blesse gravement au genou, je traitais mon corps comme une machine. Je le poussais trop fort. J'avais oublié que l'on doit aussi parfois éteindre le moteur, faire le plein et se détendre. Je travaillais plus fort pour me débarrasser de l'énergie négative générée par… le travail excessif. J'étais malheureux et embourbé dans un cycle sombre de répétitions inutiles. Je me levais et j'allais au gym m'entraîner, mais je n'en avais pas envie. Ce n'était pas une bonne routine pour moi. J'étais pris.

Une fois de plus, comme bien des choses que j'ai apprises dans ma vie et que je voulais vous communiquer dans ce livre, le secret consiste à atteindre un équilibre. L'équilibre, par contre, n'est jamais immobile. Il ne demeure pas en nous jusqu'à la fin de nos jours pour nous permettre de mener une existence parfaite une fois qu'on l'a découvert. C'est plutôt le contraire. Trouver l'équilibre révèle simplement que l'on sait comment réinventer sa vie, mais c'est une leçon qui évolue sans cesse, particulièrement pour des personnes comme moi qui sont orientées vers un objectif et s'interrogent sur le changement et l'évolution.

Voici les deux grandes leçons que m'a apprises la quête d'équilibre: 1) on grandit dans le repos et 2) on s'entraîne dans l'attente.

Que signifie « grandir dans le repos » ? Simplement qu'il faut allouer au corps du temps pour se remettre des exercices intenses, particulièrement si l'on s'entraîne chaque jour. Ça peut sembler bizarre aux gens qui s'entraînent intensément, mais c'est probablement parce qu'ils sont dépendants des exercices physiques. Ils ne peuvent pas s'arrêter. Croyez-moi, je suis passé par là. C'est parce que le corps et le cerveau s'affrontent parfois. Le corps veut se reposer et se développer, tandis que le cerveau croit que le corps a besoin de travailler davantage.

Depuis mon passage au SSL, j'ai réduit les séances d'entraînement et je me repose davantage. Une simple expérience. Étrangement, ma masse musculaire augmente plus vite qu'auparavant. Je me souviens, après mon opération au genou, de m'être regardé dans le miroir et d'avoir trouvé que mes cuisses semblaient petites, comme si elles avaient perdu quelques centimètres, de même que ma poitrine et mes bras. Lorsque j'ai pu retourner au gymnase, j'ai dû observer un régime spécial et je ne pouvais pas me pousser à fond. C'était interdit et il aurait été stupide de ma part d'enfreindre cette règle. J'ai eu de la difficulté à me retenir, à arrêter d'aller m'entraîner, courir ou me battre, mais j'ai réussi. Un beau jour, j'ai remarqué que mes cuisses, ma poitrine et mes bras avaient retrouvé leur taille normale. Pourtant, je m'étais entraîné moins qu'avant.

Je me sens stupide à penser à toutes ces années où je n'avais pas la bonne méthode. Mais maintenant, je sais : on grandit dans le repos.

J'ai donc ajouté une autre partie à mon approche : « attendre, c'est s'entraîner », ce qui veut dire que je peux passer plus de temps à me préparer mentalement pour ma séance suivante ou le prochain combat, et moins de temps à m'épuiser physiquement. En attendant, je veux livrer ce message : la stratégie est plus importante que la puissance physique pure, les tactiques surpassent la répétition, le cerveau est le « muscle » le plus puissant du corps.

* * *

Il y a certaines périodes où frapper sur des sacs de sable est important, mais cet exercice perd de son importance à mesure que mon expérience augmente. Bruce Lee en a beaucoup parlé. Frapper des sacs est bon pour exercer la mémoire musculaire pendant qu'on perfectionne un mouvement – un coup de poing ou un coup de pied. Mais sans plus.

Une fois que j'ai bien assimilé un mouvement ou un style de coup de pied, je dois le répéter avec un volontaire qui joue le rôle d'adversaire.

Il s'agit parfois d'un combattant meilleur que moi, ce qui est un défi ultime en entraînement. Et parfois, je m'exerce avec un athlète qui n'est pas aussi fort, ce qui habitue mon corps à attaquer une cible en mouvement.

Comme je l'ai déjà dit, tout est une question de confiance : notre corps peut accomplir de grands exploits seulement s'il s'en croit capable. La seule façon pour moi d'y parvenir, c'est en préparant mon esprit aux pires conditions en entraînement, et en les surpassant. C'est pourquoi je dis toujours que les combats ne se remportent pas dans l'octogone, mais des mois avant, au milieu d'un gymnase presque vide, dans les heures creuses, que ça nous plaise ou non.

Une bonne partie de mon entraînement consiste à créer des conditions qui rendent la survie presque impossible, mais je cherche aussi à améliorer mon équilibre en créant des conditions qui rendent la réussite parfaitement possible. Je veux m'assurer que mon corps et mon cerveau s'habituent à bien exécuter les mouvements et à ressentir pleinement chacun. Alors je m'entraîne avec toutes sortes de personnes – des experts et parfois des amateurs. Je simule le plus de situations possible – bonnes et mauvaises.

Mettez-vous dans la peau d'un joueur de baseball. Lorsqu'il s'exerce à frapper, il n'est pas là pour être retiré sur des prises et celui qui lance la balle vers le marbre n'a pas l'intention de le déjouer : il essaie de lui donner un sentiment de puissance. Il veut lui faire comprendre, avec son regard et tout son corps, comment frapper un coup de circuit. On peut dire la même chose dans tous les sports, comme réussir un lancer de trois points au basketball ou lancer le ballon à un receveur complètement seul sur le terrain de football en situation d'entraînement.

Une préparation adéquate et un entraînement efficace n'exigent pas seulement que l'on recrée des conditions de jeu difficiles, mais aussi que l'on mette en place des situations favorisant la victoire. Ainsi, à différents moments au cours de ma préparation, mon équipe se rend au gymnase Gracie Barra, à Montréal, en compagnie de Rodolphe et de Bruno Fernandes, où j'ai aussi l'occasion de livrer quelques combats avec des ceintures bleues, ce qui me permet de répéter mes stratégies d'attaque puisque j'ai devant moi quelqu'un que je peux vaincre rapidement. Mon corps et mon esprit interagissent et comprennent comment exécuter les mouvements librement, confortablement et, j'espère, à la perfection.

Ainsi, je peux me concentrer sur la réussite. Je remporte des victoires faciles qui me procurent un sentiment agréable. Ça peut sembler un cliché, mais l'entraînement, comme la vie, ne doit pas toujours être difficile parce qu'on ne s'amuserait plus. Avec le succès viennent le rythme et la technique. Je peux reprendre certains mouvements à répétition jusqu'à ce qu'ils soient parfaits contre un adversaire volontaire qui en connaît suffisamment pour me donner du fil à retordre sans être trop dur.

Fondamentalement, si un athlète se place continuellement en situation de défaite, il peut devenir paranoïaque. Lors des entraînements, il doit aussi pouvoir gagner et sentir un mouvement parfaitement réussi pour que son esprit s'habitue à la victoire.

Bruno ne peut pas imposer cet entraînement à n'importe quel élève de sa classe, mais ceux qu'il choisit apprennent aussi des choses. Ils vivent une expérience concrète de combat. La chose la plus importante pour eux, c'est qu'ils découvrent ce que vit un adversaire en situation difficile.

La seule façon de vraiment savoir comment on se sent quand on est projeté au sol et que l'on subit une clé de bras, c'est d'être la victime et non l'agresseur. C'est une règle élémentaire et tous les élèves y sont soumis. On ne comprendra jamais vraiment ce que ressent une personne en recevant un coup de poing à la tête si on est celui qui frappe. Et même si ce serait amusant de ne jamais se retrouver dans cette position, les champions de combat savent tous que la réussite provient, entre autres, de leur capacité à absorber les traitements punitifs.

C'est la même chose pour les ceintures bleues. Elles apprennent des nouvelles situations dans lesquelles elles se retrouvent. Tout le monde y gagne. C'est bon pour leur confiance et pour la mienne aussi. Je ne pourrais jamais remporter un vrai combat si je ne simulais que des situations de défaite. Je deviendrais un paranoïaque qui anticipe un désastre à chaque événement et situation.

Je cherche toujours, par contre, un partenaire d'entraînement qui accepte d'*essayer* de me battre, quel que soit son niveau de compétence.

SAGE: Après avoir remporté chacune de ses victoires de championnat, Georges a donné sa ceinture à une personne proche de lui, à quelqu'un qui l'a aidé à atteindre son but. Ça m'étonne toujours.

Après son gros combat à Toronto, devant la plus grosse foule de l'histoire de l'UFC, Georges m'a remis sa ceinture. Nous célébrions dans l'octogone tout de suite après le combat. Les organisateurs ont attaché la ceinture autour de sa taille. Il s'est tourné vers moi et m'a chuchoté à l'oreille : «Celle-là est pour toi.» C'était la plus grande salle de l'histoire de l'UFC, son couronnement, et il ne pensait pas à lui. Il a porté la ceinture cinq secondes à peine avant de me la donner ! Cette ceinture représente tout ce pour quoi il a travaillé, mais il me la remet quand même. Je ne peux vous dire à quel point j'ai été touché. Quel geste incroyable ! Je ne peux pas prétendre que je le comprends tout à fait. J'étais perplexe qu'il pense à poser ce geste dans l'octogone immédiatement après son combat.

Se connaître soi-même peut faire la différence entre la chance et l'action, que je considère comme étant opposées. Personne ne peut contrôler ni prédire la chance. Elle se présente simplement, et c'est formidable quand ça arrive, mais on ne peut pas miser toute sa vie là-dessus. Le mouvement, par contre, place le succès à portée de main. Plus on en sait sur soi-même, mieux on peut bouger et s'adapter dans les différentes facettes de la vie.

Ça s'applique à tout le monde, médecins, cuisiniers ou agriculteurs. Dans mon cas, la règle s'applique en ordre de priorité : 1) m'en tenir aux choses que je connais, bien les faire et m'améliorer constamment ; 2) augmenter lentement mais assurément ma base de connaissances afin de devenir le meilleur athlète possible ; 3) tirer le maximum de moi-même ; 4) transformer mes habiletés en savoir-faire parce qu'il y a une grande différence entre les deux (l'habileté a un rapport avec le potentiel, tandis que le savoir-faire représente le concept d'action, de mouvement, mais je m'éloigne du sujet).

Mon équipe et moi sommes allés au Festival international de la publicité de Cannes, en juin 2012, pour présenter aux professionnels des communications et de la créativité la « marque » GSP, la stratégie de communication qui m'a permis d'avoir tant de visibilité dans les médias sociaux, mon approche à l'égard de la commandite et ma fondation pour lutter contre l'intimidation. Pendant que je me trouvais dans les coulisses en attendant de faire notre présentation, j'ai dit aux membres de mon équipe que je me sentais l'homme le plus chanceux du monde. Je fais ce que je veux dans la vie et je peux suivre la voie que j'ai choisie, ce qui est quelque chose d'encore plus grand que ses composantes : le bonheur.

C'est vrai pour les ceintures. J'ai offert la première à ma mère, la deuxième à Kristof, puis une à Firas. Pourquoi les conserver ? Les garder à la maison ne m'apportera rien de plus. Pour moi, une ceinture est un trophée que l'on exhibe et je ne suis pas une personne très démonstrative. Par contre, Firas et Kristof, qui ont leur propre gymnase et s'y entraînent, y accordent une grande importance. Je pense que c'est une manière juste de leur témoigner ma gratitude pour leur travail au sein de mon équipe. Ma mère a exposé la sienne. C'est le titre qui a de l'importance pour moi, c'est ça, la vraie récompense.

Si vous voulez que je vous dise la vérité, cette petite licorne en peluche que m'a offerte ma marraine, Madeleine Pagé, peu avant sa mort, alors que j'étais petit, est l'un des rares objets qui ont de l'importance pour moi. Elle est irremplaçable. J'en ai pris grand soin et elle est encore très belle. Madeleine m'avait écrit une lettre accompagnée d'un joli dessin. Je relis ses mots qui prennent encore plus de signification avec le temps et la sagesse.

Le monde et ses secrets sont effrayants et il n'y a aucune honte à admettre une telle peur. C'est la seule façon de l'affronter, quel que soit le moment. Peu importe la peur, parce qu'il y a aussi le bonheur.

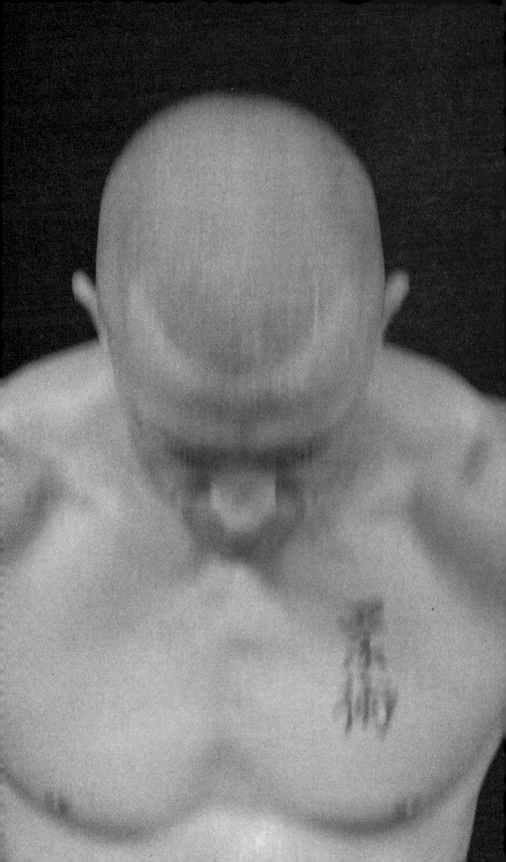

Livre 5

CONSCIENCE

AVEC

Rodolphe Beaulieu, gérant et ami

Il est mauvais qu'une chose devienne deux. Il ne faut s'attarder à rien d'autre lorsqu'on s'engage sur la Voie du Samouraï, et il en est de même pour n'importe quelle Voie. Si l'on entend les choses de cette manière, on finira par s'informer sur toutes les voies pour suivre, de plus en plus, sa propre Voie.

—Yamamoto Tsunetomo

J'aime être entouré de gens

Je n'aime pas la solitude. J'ai un grand besoin de contacts humains, d'interactions, de rires et d'évasion.

Pourtant, je sais que mon aventure pèse sur mes amis et mes relations. Ma vie, en règle générale, est organisée autour de deux événements, deux combats par année. Je peux diviser mon existence en périodes de six mois. Je m'entraîne, j'annonce mon prochain combat et je me prépare : ce sont quatre mois entrecoupés d'une semaine de vacances sur une plage quelque part. Ensuite, je commence mon camp d'entraînement et les deux mois qui suivent me drainent, émotivement.

Plus un athlète approche de son prochain combat, plus il se sent seul. Personne n'y échappe.

CONSCIENCE : Personne ne peut comprendre ce que Georges vit au cours des semaines précédant un combat, personne n'a de référence ni d'idée claire. Pas même Firas, qui n'en saisit qu'une petite fraction malgré son intelligence et sa sagesse, parce qu'il ne s'est jamais battu dans l'octogone, il n'a jamais été champion du monde, il n'a jamais été vu sur les écrans de millions de personnes, il ne s'est jamais trouvé au milieu de milliers de fans qui clament son nom dans un aréna, sachant qu'un seul faux mouvement, une seule erreur mineure peut faire s'écrouler son empire. Que ce pourrait être l'avant-dernier moment avant la fin. Que tout se joue en fractions de seconde et en moments de génie, ou en échec. Avec toutes ses connaissances accumulées après des années de pratique et d'études, il y a des limites, même pour Firas, lui qui est l'entraîneur-chef de Georges et son plus proche collaborateur. Seuls quelques hommes dans le monde connaissent la sensation que monter dans l'octogone produit, et c'est parce qu'ils ont été couronnés champions du monde de l'UFC. C'est un *trip* unique, comme si, en entrant dans l'octogone, on pénétrait dans une autre dimension, un autre monde.

Quand commence mon camp d'entraînement, je ne peux pas m'empêcher de croire de plus en plus que je suis la seule personne sur terre. C'est vraiment désagréable. Je rentre seul à la maison, le soir. Je regarde autour de moi et le silence me transporte loin du monde que je connais, loin de mes amis qui sortent, s'amusent, rient et se détendent. C'est, selon moi, la représentation la plus vraie du mot « solitude ». Je préférerais sortir et socialiser, mais je ne peux pas. Je ne peux pas sortir ni faire quoi que ce soit.

À l'approche du soir du combat, peu importe où je me trouve et avec qui. Le monde qui m'entoure garde ses distances. Peu importe que je sois entouré de gens ou non, la solitude crée une bulle autour de moi qui me coupe de la normalité. Seul dans ma solitude, au milieu de mes pensées. C'est insupportable.

Quand je me sens seul au monde et incompris, j'appelle des amis, des gens qui peuvent remplir mon esprit d'autres pensées, mais ce n'est qu'une distraction momentanée. De toute façon, je n'aime pas parler longtemps au téléphone : l'impatience s'empare de moi. Bref, appels et textos ne m'apportent qu'un court répit, parce que la solitude est toujours là, elle m'attend.

Durant le jour, par contre, je suis constamment occupé. Je préfère m'entraîner plutôt que de participer aux séances de photo ou aux autres activités promotionnelles. Il y en a de plus en plus, mais c'était encore pire il y a quelques années, même s'il y en avait moins. Avant que Rodolphe, un de mes meilleurs amis, se joigne à mon équipe, je devais m'y plier et travailler avec des gens qui m'énervaient plus qu'autre chose. Mais maintenant, Rodolphe est toujours là et nous avons du plaisir. Disons qu'il est plus stressé que moi lors de ces activités et que je trouve ça vraiment drôle.

La raison pour laquelle je trouve ça difficile, c'est que ces activités affectent ma vie personnelle. J'aime ma liberté. Je suis le genre de gars qui fait souvent tout le contraire de ce qu'on lui dit de faire. J'ai toujours été comme ça, j'ai toujours eu un côté rebelle. Je dois constamment bien me tenir, je dois être « GSP » dès qu'il y a une caméra devant moi. Je ne change pas la personne que je suis, mais je la présente sous un angle différent, probablement comme la plupart des personnalités publiques. Je ne communique pas toutes les pensées qui me traversent l'esprit. Je ne parle pas exactement comme je le fais normalement et je dois en être conscient. Je suis toujours moi, mais je me tiens sur mes gardes, en quelque sorte.

Plus le combat approche, plus la solitude est grande. Un enfer vivant, un supplice que seul Dante aurait pu imaginer. La semaine du combat est insupportable. Je me sens comme si c'était la mauvaise couche de peau qui me recouvrait. J'ai hâte que le combat soit terminé. Les émotions accumulées au fil des semaines envahissent mon corps, comme une tumeur émotionnelle. Un mois avant le combat contre Carlos Condit, Kristof est venu d'Europe pour vivre et s'entraîner avec moi à Montréal, et sa présence m'a empêché de devenir fou.

CONSCIENCE : Le milieu des sports de combat exerce sur les athlètes une pression inimaginable, pire que celle qu'exercent tous les autres sports. Ils doivent harmoniser à la perfection leurs aptitudes physiques et leur concentration mentale, plus que dans tout autre sport d'équipe ou individuel. Au baseball majeur, par exemple, les joueurs réguliers prennent part à 162 matchs au cours d'une saison. Avec quatre tournois majeurs et une multitude d'autres matchs à travers le monde, les joueurs de tennis peuvent repartir à zéro pratiquement chaque semaine. C'est la même situation au golf, et ainsi de suite pour une multitude d'autres sports. En arts martiaux mixtes, par contre, un athlète établi ne livre qu'environ deux combats par année, deux occasions qu'il ne peut pas refuser. Un combattant qui est au début de sa carrière professionnelle va combattre beaucoup plus fréquemment pour quelques milliers de dollars, juste pour essayer d'établir sa réputation auprès de grands promoteurs. Chacun doit suivre la même voie, mais peu atteignent le sommet. Ce n'est pas la tragédie du combattant, c'est sa réalité.

S'il y a une caméra, je suis à *on*, je sais que je dois en quelque sorte surveiller ce que je dis et ce que je fais. Malgré tout, j'ai toujours cherché le moyen de rester authentique, même si je sais que je dois être conscient de ce que je dis ou de ce que je fais en tout temps.

Certaines personnes peuvent croire que je fais tout ça pour l'argent, mais elles se trompent. Le marketing et la commandite jouent un rôle stratégique dans ma vie, mais pas l'argent. J'en ai déjà suffisamment en banque pour bien vivre le reste de mes jours. Les objets les plus luxueux que je possède m'ont été donnés en cadeau. Je sais ce que c'est de dépendre du prochain 5 $ qu'on aura dans ses poches, et je me souviens aussi qu'on peut vivre heureux même avec un petit salaire. De toute façon, je sais que je pourrai toujours retourner dans le sous-sol de mes parents, à Saint-Isidore, quoi qu'il arrive.

CONSCIENCE : Un perdant sort parfois de l'octogone brisé, couvert de bleus et de coupures. Le gagnant peut lui aussi être brisé et couvert d'enflures et de contusions. Le lendemain, les gens regarderont les deux adversaires et les jugeront sur leur apparence, pas seulement sur ce qu'ils ont accompli. Ils diront : «Tu devrais voir l'autre gars !» C'est incroyable avec quelle rapidité les gens oublient les huit dernières défenses d'un titre, le nombre de rounds remportés successivement, la domination statistique dans toutes les sphères des combats. Chaque défaite comporte des risques importants, parce que les commanditaires préfèrent les champions et les titres, et la mémoire des gens est bien courte dans le monde des sports de combat. La pression est considérable, mais, heureusement pour nous, les commanditaires de Georges soutiennent l'homme, et pas seulement ses ceintures.

Par contre, je me soucie beaucoup de tous mes commanditaires. Sans eux, je ne serais pas ce que je suis aujourd'hui. Ils me donnent les outils et les moyens de préparer ma carrière et de planifier mon avenir. Il est important de bien savoir quand dire oui et quand dire non à une opportunité. Nous avons plusieurs critères de sélection.

Quand un commanditaire potentiel nous approche, mon équipe me présente son analyse et une série d'options.

Une chose est sûre : peu importe l'offre, si je n'aime pas la marque ou ce que fait l'entreprise, la réponse est « non merci ». Par contre, si j'aime les valeurs de l'entreprise et ce qu'elle veut développer avec moi, et que tout le monde – la marque, mes fans et moi – y gagne, alors on y va. C'est aussi simple que ça.

Personne ne peut devenir le meilleur dans son domaine en travaillant seul. Pour moi, c'est un travail d'équipe, au gymnase comme en affaires.

> **CONSCIENCE :** Ma propre vie change dès que Georges monte l'escalier qui mène à l'octogone. Quand je vois la porte se refermer derrière lui, je n'ai plus rien à faire. Je n'ai plus d'influence, plus de raison d'être. La meilleure chose que je peux faire (et la seule), c'est d'avoir un plan en fonction des deux résultats possibles, la victoire ou la défaite. Quand la porte se referme, je n'ai rien d'autre à faire que de m'asseoir, regarder, prier, espérer et l'encourager, quand j'en suis capable. Je deviens un fan, un admirateur qui peut analyser chaque moment du combat, parce que je ne peux me défaire du pratiquant d'arts martiaux ou du fan en moi. Georges et moi sommes partenaires d'entraînement et j'ai assisté à tous ses combats. En règle générale, je peux prédire l'issue de l'affrontement au bout de quelques minutes, au bout de quelques insoutenables minutes. Un coup de pied insidieux est toujours possible, comme celui de Condit au troisième round, et personne ne peut prédire l'imprévisible. Même si je me trouve à côté de l'octogone, je regarde habituellement le combat sur l'un des écrans géants pour être sûr de ne rien manquer. Je scrute les mouvements de Georges, j'observe la distance qu'il maintient par rapport à son adversaire, à ses coups, et puis je sais. Du fond de mes entrailles, je comprends ce que le résultat devrait être. Je le sens.

Lorsque la porte se referme, Georges est seul avec son adversaire. Ce que je ressens, c'est de l'impuissance.

Avant un combat, je perds la tête, je suis une boule de nerfs. Je ne sais pas comment Rodolphe fait son travail. Moi, j'en serais incapable. Je me rends compte maintenant qu'il me protège afin que je puisse me concentrer entièrement sur mon combat. Il est mon bouclier et je n'ai même pas à le transporter. Il marche toujours à mes côtés.

Ensuite, c'est le combat et, quelques minutes plus tard, tout est terminé. Je sens une délivrance. Je veux rire et danser. La vie se transforme en *party* et ça peut durer des jours. La souffrance du camp d'entraînement et du combat se transforme instantanément en un sentiment de joie profonde. Je me sens léger, heureux... libre. Je retrouve le goût des belles choses : un simple verre d'eau, une assiette d'œufs avec du bacon, une petite gorgée de bière de trop.

Socrate disait que le vrai bonheur n'existe pas, ce n'est que la libération de la souffrance.

CONSCIENCE : Avant le combat contre Carlos Condit, le 17 novembre 2012, j'ai pris quelques instants pour regarder autour de moi. J'étais assis à quelques mètres de l'octogone. Les parents de Georges étaient immédiatement à ma gauche. Derrière eux, il y avait un homme portant un maillot de soccer du Manchester United arborant le numéro 7, celui de George Best (belle trouvaille : « Georges le meilleur ! »). Plus de 17 000 personnes étaient réunies avec nous au Centre Bell et la plupart encourageraient Georges. À ma droite se trouvaient certains des meilleurs combattants du monde, d'Anderson Silva à Jake Shields. Une multitude de vedettes du cinéma et de la télévision y étaient aussi, cachées derrière leurs lunettes de soleil.

Avant d'affronter Condit, je ne me considérais plus comme le champion. Carlos était à mes yeux le «vrai» champion. Je n'avais pas défendu ma ceinture depuis longtemps. Je me sentais dans la peau d'un aspirant qui cherche à regagner son titre. Ça me procurait une motivation supplémentaire.

Le plus difficile pour moi a été de gérer le stress en remontant sur le ring. De sentir le tapis sous mes pieds, d'entendre la foule scander «GSP» et chanter «Olé».

CONSCIENCE : Puis Georges est apparu.

Kristof, ses deux énormes pattes posées sur les épaules de Georges, a amené son protégé vers l'octogone en balayant de son visage les mains de ses fans enthousiastes. Il lui martelait ses messages d'encouragement : «Tu vas le battre. Tu es tout-puissant. Tu vas détruire ton adversaire. C'est toi le champion. C'est ta soirée.» En voyant l'expression de Kristof, je savais qu'il était sincère, qu'il croyait ses paroles au plus profond de son être.

Ils se sont arrêtés à quelques mètres devant moi. Georges a enlevé son *gi*, son bandana, et m'a regardé, a lancé un dernier mot aux membres de son équipe, m'a regardé de nouveau, puis a gravi l'escalier pour pénétrer dans l'octogone. Il était maintenant complètement seul, enfin, après plus de 18 mois loin de l'action. Il retrouvait sa destinée, ce qu'il réussit le mieux, le monde auquel il appartient.

L'heure du combat avait sonné.

Il n'y a pas d'amitiés normales dans ma vie. Pas de relations normales non plus. Je ne suis pas certain d'avoir de vrais amis au sens propre du terme. On dirait que, pour atteindre mon objectif, je ne peux pas me permettre d'entretenir des relations « normales ».

Je regarde les gens qui sont près de moi, ceux que j'appelle des amis, et je me demande si, un jour, j'aurai, moi aussi, des relations comme les leurs. Est-ce que j'aurai une femme, des enfants, une famille ? Est-ce que j'aurai un barbecue ou de la vaisselle dans mes armoires ? J'observe Rodolphe et la femme de sa vie avec leur chien, leur maison à la campagne et leurs projets de rénovation. Je n'y vois pas mon idéal, mais je ressens plutôt de la confusion et de l'incompréhension.

Je n'ai aucune idée pourquoi.

CONSCIENCE : Je conserve des deux premiers rounds un souvenir de quasi-perfection. J'ai vu les résultats de l'entraînement de Georges se matérialiser sous mes yeux. Je l'ai redécouvert dans son élément. J'ai reconnu les signes de victoire ou de danger en observant comment il contrôlait le centre, comment il conservait sa distance, comment il maintenait son rythme, qui a été constant du premier round au troisième. Il est une vraie machine. Dès les premières minutes, un observateur exercé voit clairement si Georges comprend son adversaire ou non. Si Georges l'a déchiffré. Au fil du combat, Georges a dû déduire que Condit prenait de plus en plus de temps pour réfléchir, que ses instincts se dissipaient. Georges avait pénétré dans sa tête. C'est ce qu'il fait le mieux, d'ailleurs : éveiller le doute au milieu du chaos. Georges a respecté le plan de match à la lettre. Tout se passait comme prévu, et même mieux. Son genou n'était plus un problème. La blessure n'existait plus, je l'avais chassée de mes souvenirs parce qu'elle n'avait plus aucune importance. Son temps était compté. Georges creusait son avance avec chaque coup porté à la silhouette élancée de

Condit, avec chaque amené au sol, avec chaque point marqué. Il gagnait progressivement le contrôle de la situation en obligeant Condit à sortir de sa zone de confort et à prendre des risques.

Puis, le troisième round a débuté.

Et Condit a pris Georges à son propre jeu. Il a semblé perdre son équilibre. Tombant vers la droite, Condit a levé sa jambe gauche. Tout le monde a vu ce qui se passait, comme une reprise au ralenti ou un cauchemar. Tout le monde, sauf Georges. Tel un scorpion, Condit a redressé son pied et a asséné un coup brutal au côté droit de la tête de Georges.

Georges est tombé, ses mains décrivant des cercles. Assommé, le regard perdu et surpris, il cherchait un appui au sol, ses repères. Tout le monde a eu le souffle coupé, comme si l'amphithéâtre s'était vidé de son air d'un seul coup.

Les spectateurs se couvraient la bouche, perdaient espoir. Pendant ce temps, Condit s'est jeté sur lui.

Les coups de poing et de coude se sont mis à pleuvoir. On aurait dit que chacun atteignait sa cible, que Condit voulait que Georges tombe dans l'oubli. Nous avions l'impression d'entendre chaque coup, comme s'il n'y avait pas d'autres bruits dans tout l'édifice. On aurait dit qu'aucun spectateur du Centre Bell ne pouvait le croire. Puis, j'ai vu du coin de l'œil l'homme vêtu du chandail de George Best se lever. Il a pointé les deux athlètes du doigt et a hurlé : « NOOOOOOON ! ALLEZ, GEORGES ! TU PEUX Y ARRIVER ! LÈVE-TOI ! » Sa voix s'est cassée, mais d'autres spectateurs se sont joints à lui. Il n'était plus seul. Une chorale s'est improvisée dans le Centre Bell.

Parfaitement calme, la mère de Georges s'est levée, les mains jointes devant elle, comme si elle savait quelque chose que tout le monde ignorait. Son père aussi s'est levé, mais lui vient du monde du combat. Il assénait des coups de poing dans le vide en bougeant la tête comme pour esquiver les attaques. Il chuchotait des paroles que seul son fils pouvait entendre. Georges n'était plus seul, c'est ce qui s'est passé, je crois. Nous étions tous avec lui, c'est ce que nous voulions faire, ce que nous voulions qu'il sache, qu'il sente, qu'il comprenne. Comme nous ne pouvions pas saisir exactement ce qu'il éprouvait, nous pouvions seulement lui faire comprendre la puissance et l'énergie collectives qui bouillonnaient en nous. Notre soutien.

Et puis, Georges a riposté. Toujours au sol, il a donné un coup de pied à la tête de son adversaire, a roulé, s'est tourné et s'est relevé. Nous nous sommes tous levés avec lui. Il a repris son aplomb. Il a retrouvé son essence, puis il a attaqué Condit. Il a sauté sur lui, l'a entraîné au sol, puis l'a martelé de coups. Il a livré le combat d'un champion avec la volonté du vainqueur, d'un homme qui ne se préoccupe pas de ses propres limites, d'un homme qui ne se soucie que de ses possibilités. Sa propre voie. Moins de 15 minutes plus tard, l'arbitre a levé le bras de Georges, confirmant qu'il est le champion incontesté de sa catégorie.

Il avait maintenant gravi la montagne une troisième fois, par un nouveau tracé, une nouvelle voie qu'aucun autre combattant n'avait empruntée. La pierre angulaire de l'héritage de Georges.

Je cherche du regard les gens qui me sont chers, qui vivent dans mon cœur, et je secoue la tête. Je ne comprends pas très bien les vies qu'ils mènent ni les choix qu'ils font. Ce qui est normal pour eux ne l'est pas pour moi, c'est sûr. Pourtant, on est tous là, on cohabite et on dépend toujours les uns des autres.

Toutes les personnes qui ont essayé de me changer ne font plus partie de ma vie. Tous ceux qui ont essayé de faire de moi un être qui représentait mieux leur idée d'une existence normale sont partis. Mes amis, ce sont pour la plupart les athlètes et les entraîneurs. Ils entrent dans ma vie pendant l'entraînement ou lorsque j'ai envie de manger ou de me détendre. Ce n'est même pas mon choix à moi, c'est ma routine qui décide.

Il y a très peu de personnes avec lesquelles je vais au cinéma ou dans les bars. Je chéris ces moments, probablement parce qu'ils sont rares.

Ma vie m'appartient et je sais ce qu'est le bonheur.

CONSCIENCE : Après le combat et les discours dans le ring, Georges est retourné au vestiaire avec les membres de son équipe. Nous étions seuls avec ses entraîneurs, ses gardiens de sécurité et l'équipe médicale. C'est à ce moment que j'ai remarqué que Georges est avant tout un performeur.

Il était en train de se faire faire des points de suture. Il ne parlait pas du combat, ni de son titre, ni de la victoire ou de sa série de victoires. La seule chose qui l'intéressait ou dont il voulait parler, c'était Condit. Il venait tout juste de le vaincre par décision unanime, mais tout ce qu'il voulait savoir, c'est s'il avait eu besoin de plus de points de suture que lui, s'il était plus amoché. C'est tout. C'est ce qu'il a répété sans arrêt, forçant le médecin à lui donner une réponse vague et à dire des platitudes qui ne le satisfaisaient pas. Georges a insisté encore et encore, jusqu'à ce qu'un soigneur lui dise avec réticence qu'il avait moins de points que Condit, qu'il en avait quatre seulement.

Pourquoi cela se produit-il ? À ce moment-là, Georges ne se souvenait pas de tout le combat. Il ne se rendait pas compte à quel point il avait dominé. Il ne connaissait pas encore le score final : 50-45, 49-46 et 50-45. Immédiatement après le combat, le monde de Georges était dans la brume, tout comme sa mémoire à court terme. C'est pour ça qu'il s'est informé de l'état de son adversaire. Il ne suffisait pas de l'avoir vaincu dans l'octogone, d'avoir conservé son titre mondial et d'être revenu après une chirurgie du genou qui aurait pu mettre fin à sa carrière. Georges voulait plus : comme dans tout autre combat, il voulait avoir complètement dominé l'homme, il voulait l'avoir battu sur tous les plans.

Les pensées de Georges lui jouent des tours dans des moments comme celui-là. Il se disait : je suis tombé au troisième round, j'ai gagné le combat et je me fais faire des points de suture. C'est tout ce qu'il sait, c'est tout ce que son esprit peut retenir. Il s'inquiète aussi de ses imperfections, mais il reçoit le même genre de réponses. Ce n'est que le lendemain, lorsqu'il a visionné son combat, qu'il s'est rendu compte de l'ampleur de sa performance. Ce n'est que le lendemain qu'il a constaté qu'il avait dominé le combat, à l'exception de 51 interminables secondes au troisième round.

Vouloir devenir un grand athlète des arts martiaux n'a rien à voir avec la carrière d'un chercheur scientifique ou d'un médecin. S'ils trouvent un remède contre une maladie, d'autres en profiteront. Telle est leur mission. Ma mission à moi consiste à partager mon savoir, toutes mes connaissances, pour en faire profiter les générations de sportifs qui suivront. Mon expérience permettra d'élever les exigences et de rendre les combattants meilleurs et plus efficaces.

Quand je prendrai ma retraite de l'UFC, je pourrai y consacrer plus de temps. Un vrai maître partage toutes ses connaissances, mais seulement lorsque ses élèves sont prêts à les recevoir. Certains ne sont pas prêts à intégrer des connaissances données, et ça s'applique à tous les domaines, selon moi.

CONSCIENCE : Après les félicitations mutuelles, une douche de cinq minutes et quatre points de suture, Georges a enfilé un beau complet. Il voulait bien paraître pour son public. Il avait besoin de mon aide pour une chose. Il s'est dirigé vers moi, sa cravate à la main, en me disant : « Pourrais-tu me la mettre, s'il te plaît ? » C'est tout ce qu'il voulait, un peu d'aide pour nouer sa cravate. Ensuite, nous nous sommes dirigés vers la conférence de presse. Georges a répondu à toutes les questions des journalistes avec un sac de glace sur la tête.

Hors de l'octogone, c'est dans des moments comme celui-là que j'admire le plus mon ami. Après avoir livré la guerre la plus ardue de sa carrière, il a répété la même chose sans relâche. Les journalistes trouvaient de nouvelles façons de formuler la même question, mais Georges n'a jamais dévié de la réponse qu'il avait donnée plusieurs mois auparavant. Je me demande parfois si les journalistes écoutent les questions et lisent les articles de leurs confrères. Je suis toujours fasciné de voir une demi-douzaine de reporters professionnels répéter la même question l'un à la suite de l'autre. Je comprendrais Georges s'il s'impatientait, mais, pourtant, il garde son calme : il se contente de répéter sa réponse. C'est comme s'il leur disait : « Vous pouvez continuer à me poser la même question de 150 façons différentes, je ne changerai pas d'opinion, de théorie ou de réponse. » En fait, Georges se comporte de la même façon sur le ring : son adversaire aura beau le frapper d'un direct à répétition, il le projettera au sol à chaque reprise.

Je n'étais pas heureux immédiatement après mon combat contre Condit. J'étais satisfait de ma victoire, mais je n'aime pas me faire frapper de la sorte. C'est seulement quand j'ai regardé le combat chez mes parents, avec les membres de ma famille, que j'ai vu ce qui s'était passé.

Le sentiment d'incertitude que j'éprouve après un combat est stupéfiant. En me regardant me battre, j'ai constaté que la différence entre la réussite et l'échec était mince, tellement mince, en fait, que ça me fait peur. Chaque victoire me permet de mieux comprendre que plus le risque est élevé, plus la récompense est grande.

CONSCIENCE : Après la conférence de presse, nous sommes allés (Georges, son sac de glace sur la tête), dans un salon privé du Centre Bell pour rencontrer des amis et des partenaires d'entraînement. Il n'avait pas encore eu un seul moment pour lui-même. Il a posé pour des photos dans son beau complet, a fait la conversation et a charmé tout le monde avant de se diriger vers les toilettes.

Je l'ai accompagné dans le couloir. Il a mis son bras autour de mes épaules, autant pour assurer son équilibre que pour me témoigner son affection, et nous avons franchi les quelques mètres qui nous séparaient des toilettes. Il m'a dit qu'il était épuisé et affamé. Dans la pénombre, il s'est regardé dans le miroir, a scruté son visage. Il a touché du doigt l'arête de son nez, il a frotté l'enflure sur le côté de sa tête, puis a détourné son regard, a secoué la tête et m'a regardé en me posant cette question sur le ton d'une affirmation : « Pourquoi est-ce que je continue à me faire ça ? Je n'aime pas ça. J'ai mal partout. » Oui, tu as raison, tu as mal partout, ai-je pensé. Pourtant il ne prend jamais d'antidouleur après un combat, jamais.

Après, nous sommes allés à sa suite où l'attendait une montagne de nourriture de son restaurant de hamburgers préféré… Un autre élément clé de sa routine : le bonheur pur !

* * *

CONSCIENCE : Georges et moi nous sommes rencontrés en 2001 sur un tapis dans un gymnase de Verdun où j'enseignais le jiu-jitsu brésilien.

Étrangement, bien que je sois un de ses plus vieux amis et un des plus proches, j'endure un paquet de choses de Georges, particulièrement quand il est question d'activités qui n'ont rien à voir avec son entraînement et ses combats. Parfois, même si nous sommes au milieu de deux équipes de caméramans, de toiles de fond, de maquilleuses et d'assistants de toutes sortes, Georges me jette un œil et je comprends qu'il est sur le point de se fâcher. Je le sens, je le constate dans ses mouvements. Nos regards se croisent pendant une fraction de seconde et je sais ce qui se passe dans sa tête. Il est tanné. Il a peut-être glissé sur une gélatine oubliée lors d'une séance de photo et pense s'être fait mal. On lui a peut-être demandé de poser pour d'autres photos qui n'étaient pas prévues. Il y a peut-être un type qui braque sa caméra sur son visage pendant qu'il s'entraîne sur le ring. Et tout ça, par défaut, c'est toujours ma faute.

Heureusement pour moi, Georges a aussi une équipe à l'extérieur du gymnase. Mon associé dans notre agence de management, Philippe Lepage, correspond parfaitement à la définition du mot « associé ». Quand Georges arrête de m'écouter ou lorsqu'on doit prendre une décision stratégique ou urgente, Phil se met de la partie et m'aide à trouver une solution à des problèmes que je ne peux régler seul.

Il couvre tous les angles qui m'échappent et possède chaque talent que je n'ai pas. Georges, qui aime le surnommer «The Brain» (il est avocat-fiscaliste), ne manque jamais de répondre lorsqu'il voit son nom s'afficher sur son cellulaire. Sans Phil à mes côtés, rien de tout ça ne serait possible, rien. Il chasse mes doutes sur certaines décisions. Il a la capacité de donner des conseils objectifs qui nous permettent d'agir. Bref, Phil nous épargne bien des problèmes.

* * *

Avant le combat contre Condit, j'ai dû retourner à Saint-Rémi pour participer à une activité à l'école secondaire que je fréquentais. J'avoue que, ce jour-là, je n'avais pas particulièrement envie d'y aller, puisque c'était au beau milieu de mon camp d'entraînement. Mais, lorsque je suis entré dans le gymnase et que j'ai vu tous les élèves de l'école devant moi, j'ai compris l'importance d'y aller. Pas seulement pour les jeunes, mais pour moi aussi. J'ai eu la chance de discuter de toutes sortes de choses avec eux. Ils m'ont donné de l'énergie et m'ont inspiré.

CONSCIENCE : Je comprends qu'il soit stressé. Je ne suis pas d'une nature anxieuse, mais je suis très émotif. Je dirais qu'en étant à la fois un grand ami et le gérant de Georges je suis devenu hypersensible à son stress. Je sais pourquoi il agit bizarrement. Il ne mène pas une vie normale et je crois que se comporter ainsi l'aide à se préparer au combat, ce qui veut dire que les choses se passent bien. Je comprends que les vrais amis puissent parfois s'envoyer promener sans qu'il soit question de trahison. Je me sens privilégié sur plusieurs points : je suis la seule personne au monde qui a cette relation avec Georges. Il me parle d'une certaine façon et je réponds sur le même ton. Les gens qui nous voient ont peine à croire que nous sommes amis, mais moi, je sais que nous avons la relation la plus ouverte et la plus sincère que deux individus puissent avoir. Il n'y a entre nous aucun mensonge, aucun moment perdu, aucune confusion. Nous savons qu'il vaut mieux ne rien nous cacher.

Nous sommes comme des enfants trop sévères à l'endroit de leurs parents qui leur parlent de manière inappropriée et parfois rude. Certains se comportent de cette façon avec les gens qu'ils aiment. Alors j'endure sa mauvaise humeur quand il est stressé. Je suis le seul de son entourage à qui il parle de cette façon et, quand la pression est trop forte, il se tourne vers moi. C'est amusant parce qu'au début de chaque camp d'entraînement Georges vient me voir et me dit : « Rodolphe, je te demande pardon à l'avance pour les deux prochains mois. Je vais me comporter en vrai trou de cul et t'empoisonner la vie. Je sais que je suis difficile parfois, mais j'ai besoin de toi et je suis désolé. » Comme si je ne le savais pas déjà !

Il n'a pas besoin de me dire ces choses-là, ça ne me dérange pas du tout. Mon travail n'est pas de le stresser davantage, mais bien d'absorber sa nervosité. Je n'ai jamais eu un emploi aussi satisfaisant que celui-ci, pourtant je sais qu'il déteste tout ce que je fais. Il se moque constamment de moi, disant que je mène la vie la plus plate qui soit, mais, de nous deux, je suis celui, selon moi, qui a l'emploi le plus intense. Il fait la grasse matinée tous les jours alors que je dois me lever tôt pour assister à des réunions, gérer sa *business* et gérer sa vie. Ça me fait bien rire.

Ironiquement, ma vie personnelle est un chaos. Je paie mes comptes avec des semaines de retard, alors que ses livres comptables sont parfaitement à jour. Mon adorable blonde m'attend souvent assise à table ou sur le canapé pendant que je discute au téléphone avec Georges pour tenir ses affaires en ordre. Mes projets de rénovation s'éternisent durant des années, mais, au moins, ils sont la source de plusieurs blagues. Eh oui, sa vie est ordonnée et la mienne est un chaos, mais un chaos heureux…

C'est pourquoi c'est moi, et personne d'autre, qui fais ce travail. Georges déteste être interrompu pendant son entraînement parce que ça perturbe son rythme. Chacun de mes gestes doit être stratégique. Je ne lui parle pas pendant une séance, je ne discute jamais d'affaires dans le vestiaire ou après la douche. Le seul moment où nous pouvons parler de travail qui n'a pas de lien avec le combat, c'est quand il est à table.

Au cours de la période précédant un combat, je gère tout et Georges ne s'en rend pas compte la plupart du temps. Je coordonne ses horaires d'activités publiques, d'événements de l'UFC, d'entraînement. Je m'occupe même des cuisiniers et des gardiens de sécurité, je vais porter les vêtements chez le nettoyeur et je vais les chercher, je m'assure que l'ascenseur l'attend quand il est prêt à descendre, je m'assure que les dizaines d'amis, de partenaires et de commanditaires reçoivent leurs billets pour assister au combat, et bien plus.

Je fais en sorte que Georges ne se lève pas trop tôt le matin quand il doit livrer son combat à minuit. Je surveille les journalistes et je les prépare. Je ne laisse aucun reporter ignorant l'approcher. Bien entendu, je prends soin d'«éduquer» ceux qui s'y connaissent moins, mais plus tard, pas pendant le camp d'entraînement qui précède un combat. Je passe au crible tous ceux qui veulent interviewer Georges. Qui sont-ils ? Connaissent-ils les arts martiaux mixtes ? Ont-ils déjà assisté à un combat ? Connaissent-ils le sujet ? Je fais toutes ces vérifications parce que nous ne pouvons pas nous permettre de gaspiller notre temps. Nous ne tolérons pas qu'un journaliste l'appelle Nick parce qu'il le confond avec Nick Diaz (histoire vraie!). Je fais ce travail parce que j'adore ça. Je me sens dans mon élément et je peux créer l'environnement qui sera, d'après moi, le plus propice à l'atteinte de nos objectifs.

Georges n'aime pas vraiment participer à des séances d'entraînement publiques, mais il doit s'y prêter pour sa carrière. Il m'arrive de trouver d'autres solutions quand il s'agit d'activités promotionnelles pour l'UFC, comme des séances d'autographe de DVD et de tee-shirts remis gratuitement à ses fans. Il leur serre la main et discute avec eux. Il aime les rencontrer et se faire prendre en photo en leur compagnie. Il aime leur demander s'ils ont passé une belle journée et ce qu'ils font dans la vie. Ce sont des détails insignifiants, mais qui ont une importance pour lui.

En fait, le plus important, c'est de pouvoir respecter l'horaire, parce que Georges s'est probablement fixé deux séances d'entraînement supplémentaires avant la pause de midi et après, et nous devons nous organiser pour être à l'heure.

Je planifie et je gère l'environnement de Georges comme un chef d'orchestre. Nous avons déjà reçu une équipe de cinéastes venus tourner un documentaire sur Georges dans le vestiaire avant le combat. J'ai demandé à tous les techniciens de porter des tee-shirts de l'UFC pour qu'ils se fondent dans l'environnement. À vrai dire, Georges ignorait que sa propre équipe l'avait filmé le jour de son combat contre Condit. Je ne voulais pas le lui dire pour éviter qu'il perde sa concentration ou se sente frustré. Je ne voulais pas altérer l'image mentale qu'il se fait avant un combat. J'avais prévenu les membres de l'équipe de détourner les yeux si jamais Georges regardait dans leur direction, d'éviter de parler en français, parce qu'il aurait alors découvert qu'ils ne travaillaient pas pour l'UFC, et de se faire discrets, car ils l'auraient embêté s'ils avaient distrait son attention durant 20 secondes. En fin de compte, c'était le combat et non le documentaire qui était la priorité.

Ce ne sont que des détails, mais j'ai toujours traité les détails avec beaucoup de soin. Ça permet d'éviter des problèmes plus graves... Et puis, je connais à fond mon ami Georges depuis si longtemps... Rien de ce que fait Georges n'est normal. Personne de son entourage n'est normal. Lui et moi nous disputons constamment, comme un vieux couple. Le plus étrange, c'est qu'il trouve que c'est moi qui suis bizarre. Il ne comprend rien à nos vies «normales» et au fait que nous faisons chaque jour des choses contre notre gré. Lui ne fait rien qu'il ne veut pas faire, à l'exception d'une séance de photo de temps à autre, mais il s'y prête tout de même parce que ça fait partie de sa *business*. Sa séance préférée, pour des photos de mode, a duré un total de 5 minutes 41 secondes. Georges apprécie d'ailleurs que plusieurs de ses commanditaires utilisent maintenant le même photographe...

Pour devenir un champion et faire ce qu'il fait, Georges doit être égocentrique sur plusieurs aspects. L'horaire des entraînements, l'heure et la composition de ses repas, la nature et la raison de ses engagements sont tous des priorités qui ne peuvent jamais être reléguées au second plan. Il doit passer en premier, avant toute chose et avant tout le monde. C'est le seul moyen qui lui permettra d'atteindre ses objectifs. Georges ne tolérera jamais que quelqu'un essaie de se tailler une place dans sa vie et d'imposer des changements qui le feront dévier de son objectif ultime. Il ne peut pas et n'acceptera pas. Son objectif est de devenir le meilleur athlète en arts martiaux de tous les temps. Rien ne peut le détourner de sa mission. Les personnes qui entrent dans sa vie ne peuvent ni stopper ni ralentir le processus, sinon elles sortiront aussi vite.

Georges veut transformer son sport. Il veut le porter à un niveau supérieur. C'est sa vocation, sa destinée. Quiconque essaie de le détourner de son idéal disparaîtra de sa vie.

Au cours d'une visite dans une école, un petit garçon a voulu me poser une question sur l'intimidation. Je me suis reconnu à l'âge de 10 ans. Il était assis le dos courbé, la tête basse, et j'entendais à peine sa voix. Je l'ai donc interrompu au milieu de sa question. Je lui ai demandé de se lever et de se tenir le dos droit. Je lui ai demandé de me regarder dans les yeux et de hausser la voix pour que tout le monde puisse l'entendre. C'est ce qu'il a fait, et très bien, en affichant un immense sourire. J'y pense encore souvent.

CONSCIENCE : Il y a plus que l'aspect technique qui compte dans la façon dont Georges souhaite devenir le meilleur de tous les temps en arts martiaux. Ça ne se produira pas seulement dans l'octogone et ne se limitera pas à la pratique de différentes disciplines dans les dojos ou les clubs de boxe. Dans cette nouvelle ère de communication, Georges doit aussi miser sur tous les outils à sa disposition pour remplir sa mission. C'est pourquoi il a défini son image de marque ainsi que ses plateformes de communication. Il a ses propres réseaux sur YouTube, Facebook et Twitter. Il collabore avec des commanditaires et est un pionnier dans le milieu des athlètes professionnels qui veulent communiquer avec leurs fans par le biais des médias sociaux. Il veut amener son sport et lui-même à un niveau supérieur et jusqu'ici, ça semble fonctionner. Il porte souvent un complet à l'occasion d'activités publiques. Sa « marque » a rehaussé l'image de l'UFC et intéressé de nouveaux commanditaires. Il a attiré de nouveaux fans vers le sport et a ouvert les mentalités au sujet des athlètes de l'UFC. Il a trouvé une façon nouvelle de faire parler et même de faire vivre l'expérience des arts martiaux.

Même si Georges peut compter sur le soutien d'agents canadiens et américains dévoués et d'une agence de marketing internationale, la plupart des gens ignorent que Georges a élaboré son image de marque entièrement seul. Il a toujours été authentique. Il n'a jamais dévié de sa propre légitimité. Sa propre vérité est la meilleure façon de raconter son histoire. Tous les angles de marketing sont axés sur l'authenticité, inspirés et limités par elle. Je me souviens des instructions que Georges nous avait données quand les offres de commandite se sont multipliées : « Assurez-vous simplement que tout demeure authentique à 100 %. C'est la seule chose sur laquelle j'insiste. Pas de *bullshit*. »

Je n'aime pas les gens qui sont très lents. Tout se passe tellement vite dans ma tête. C'est pourquoi je m'attends à ce que les membres de mon équipe se présentent bien préparés à nos réunions. On n'a pas de temps à perdre. J'aime passer rapidement de l'introduction à la conclusion, puis décider sur-le-champ. C'est une question d'énergie et de focus.

CONSCIENCE : Georges ne peut pas réfléchir maintenant à son avenir après l'UFC. Son besoin de se concentrer sur sa carrière ne le lui permet pas. Il ne sait pas ce qu'il veut faire après sa carrière dans l'octogone. Le rôle de notre équipe consiste à lui présenter des options et à préparer les étapes suivantes. Nous avons déjà commencé à concevoir une académie d'arts martiaux où Georges enseignerait aux jeunes.

Sept jours avant le combat, Georges et son entourage s'installent à l'hôtel pour se préparer au grand événement. La pièce principale devient une salle à manger et une aire commune à laquelle tout le monde a accès. C'est là que l'équipe se réunit, que se trouve la télé et c'est là que les repas sont servis. Il y a Georges, Kristof, Firas, John, Eddy (son agent de sécurité et ami) et moi-même. Les chambres sont adjacentes à cette pièce. La semaine précédant un combat est plutôt calme parce que Georges doit perdre du poids. Nous regardons des films, des documentaires ou n'importe quoi qui nous libère l'esprit. Avant le combat contre Condit, nous avons regardé beaucoup de documentaires animaliers, un entre autres montrant des lions attaquant des hyènes. Nous regardons toujours les mêmes films parce qu'ils font rire tout le monde et donnent un répit à Georges.

Au cours des 18 mois qui ont précédé sa victoire contre Condit, nous vivions sur un nuage. Nous avons conclu des ententes de commandite, au moins trois fois plus que dans les années précédentes parce que Georges était inactif et avait du temps. Le vrai monde de l'octogone et du combat nous semblait très éloigné, intangible. Nous pouvions jeter un regard en bas de notre nuage et savions qu'un jour nous reviendrions dans le vrai monde, mais ça nous semblait un long parcours. Et puis, soudainement, nous sommes revenus sur terre. Nous nous battions, nous avons récupéré notre esprit de guerrier, conscients que, dans l'univers des sports de combat, on n'est pas meilleur que son dernier combat. Disposer de 18 mois pour «vendre» un champion du monde est une occasion inouïe, un rêve pour tout gérant.

À mon avis, le titre de champion de l'UFC est le plus difficile à conserver. La formule est unique et inconnue dans les autres disciplines sportives : un champion affronte toujours le deuxième au classement, tandis qu'en boxe le tenant du titre peut choisir deux de ses adversaires jusqu'au troisième combat où il défend son titre contre un adversaire imposé par les fédérations. Ce n'est pas le cas dans l'UFC, où le champion doit toujours affronter le numéro deux. Georges doit continuellement se mesurer au meilleur. Il n'a aucun répit.

Je ne prends aucun antidouleur après un combat, je n'en ai pas besoin.

J'ai repris l'entraînement trois jours après le combat contre Condit, le mercredi.

Je suis une personne normale

Je sais que je fais certaines choses différemment de la norme, mais, pour ce qui est de l'essentiel, je ressemble à tout le monde. J'ai de bonnes journées et d'autres moins bonnes. Au Festival des Lions de Cannes, je disais que le secret de ma réussite consistait simplement à être moi-même. Les membres de mon équipe ont toujours soutenu cette idée.

Comme je l'ai déjà raconté, avant notre affrontement, Josh Koscheck a cherché à me provoquer. J'aurais eu l'air étrange si j'avais agi comme lui, ou du moins j'aurais embarrassé bien des gens. Je dois me connaître, comprendre ce qui marche pour moi et ce qui ne marche pas. C'est pourquoi j'engage des entraîneurs de partout dans le monde pour enrichir mes connaissances. C'est pourquoi aussi j'ai réuni une équipe de spécialistes pour tout ce qui touche à ma carrière à l'extérieur de l'octogone. Je cherche des gens qui ont la même philosophie que moi. Et pour dénicher ces personnes, je dois d'abord déterminer qui je suis, ce en quoi je crois, comment je pense et ce que je ressens.

J'en discute souvent avec Firas.

Socrate a dit, selon ce que j'en comprends, qu'une personne doit se connaître elle-même avant de songer à comprendre les autres. La connaissance de soi nous donne une base, et de là on peut aborder des sujets plus vastes.

Un des secrets de mon apprentissage a été de ne pas rester accroché au passé. Il est important de garder le passé en tête, mais pas d'y penser constamment. Après avoir surmonté la colère et la rage qui m'habitaient dans mon enfance, quand j'ai cessé de me percevoir en victime, j'ai pu m'ouvrir à de grandes sources de connaissance. J'ai dû canaliser les émotions de cette période de ma vie pour m'occuper de ma guérison émotionnelle.

Je n'ai que 31 ans au moment d'écrire ces lignes, mais il est fort possible que dans 5 ou 10 ans, j'aurai complètement changé d'opinion sur les sujets que j'ai abordés. Il ne fait aucun doute que, comme tout le monde, je me sentirai autrement en vieillissant, ce qui influencera assurément ma façon de voir les choses. Je suis conscient du fait que je devrai, au fil du temps, modifier mon régime de vie en fonction de mes objectifs personnels et, il va sans dire, de mon corps vieillissant. Quand j'abandonnerai la compétition en arts martiaux mixtes et que j'accrocherai mes gants pour de bon, je devrai trouver une nouvelle voie. Par contre, je sais que je porterai toujours en moi une certitude profonde : les progrès viennent avec l'ouverture d'esprit.

Remerciements

Plusieurs remerciements s'imposent. À ma mère, Paulyne, et à mon père, Roland, qui m'ont rappelé des anecdotes de mon enfance. À mes entraîneurs – Kristof Midoux, John Danaher et Firas Zahabi –, qui jouent un rôle d'une grande importance dans ma vie, dans l'octogone comme à l'extérieur. À chacun des entraîneurs et partenaires d'entraînement qui m'ont aidé, au fil des ans (et qui sont trop nombreux pour que je les nomme tous!). À mes agents au Canada – Rodolphe Beaulieu et Philippe Lepage – et à ceux de la Creative Artists Agency, aux États-Unis, plus particulièrement Nez Balelo, Mike Fonseca et Simon Green. À mon éditeur, Adam Korn, dont la grande expertise a permis de porter ce livre à un niveau supérieur. À mon ami Justin Kingsley de Sid Lee et à mon recherchiste Guinness «Smed» Rider pour leur grande patience et leur travail acharné au cours de la réalisation de ce projet. Enfin, j'adresse un remerciement tout spécial à tous mes fans qui me soutiennent jour après jour.